재미있고 엉뚱하게

재미있고 엉뚱하게

호리바 마사오 지음 / 오태헌 옮김

일러두기
이 책은 《닛케이 톱 리더》에 연재되었던 〈호리바 마사오의 지적 낙관 경영론〉
(2012년 4월호~2014년 12월호)의 내용을 재편집한 것입니다.

서문

과학이 아무리 발전해도 인간을 완벽하게 따라잡지는 못할 것입니다. 예전에 로봇 연구자에게 "만약 인간과 똑같은 로봇이 있다면, 얼마에 팔까요?"라는 질문을 한 적이 있습니다.

어떤 사람은 "인간과 완전히 똑같지는 않더라도 1,000~1,500억 엔 정도가 될 것 같습니다"라고 했고, 다른 사람은 "한 3,000억 엔은 되지 않겠습니까?"라고 했습니다. 또 다른 사람은 "5,000억 엔이요"라고 했습니다. 이 말은 결국 사람은 조금 부족하더라도 최소 1,000억 엔 이상의 가치가 있다는 뜻입니다. 회사의 직원들은 이런 금액과는 비교할 수 없을 정도의 낮은 임금으로 일을 해주고 있으니 경영자는 직원들에게 감사해야 합니다.

젊은 시절 나는 차를 바꿀 때마다 꼭 한 번씩 전속력으로 차를 몰아봤습니다. 대체로 자동차는 시속 200킬로미터까지 달릴 수 있지만 보통 사람은 기껏해야 100킬로미터 정도밖에 내지 않고, 수만 킬로미터를 운전한 후에 차를 교체합니다. 그럴 리는 없겠지만 만약 자동차가 생각할 수 있는 사물이라면 '내 주인은 내 능력의 3분의 1에서 4분의 1밖에 쓰지 않고 버린다'고 한탄할 것입니다. 너무 불쌍하지 않나요?

그런데 정작 불쌍한 것은 인간입니다. 대부분의 사람은 자신의 한계를 모른 채 죽어갑니다. 적게 잡아도 1,000억 엔의 가치가 있는 인간은 극한의 상황에 닥치면 엄청난 힘을 발휘합니다. 나는 전쟁터에서는 물론 전쟁이 끝난 직후 내가 이렇게까지 할 수 있구나 하는 경험을 몇 번이나 했습니다. 내 경험에 비추어보면 이것이 나의 한계라고 생각하는 수준보다 3배는 더 힘을 낼 수 있었습니다.

자신의 진정한 한계에 도전하지 않는 사람이 얼마나 많은

가요. 일본 기업이 저력을 발휘하지 못하는 가장 큰 이유는 여기에 있다고 생각합니다. 그렇다면 어떻게 하면 직원의 능력을 최대치로 끌어올릴 수 있을까? 생각 끝에 얻은 결론은 '재미있고 즐겁게'라는 경영 방식이었습니다.

이 책은 이런 나의 경영론을 아흔 살을 맞이하여 정리한 것입니다. 내용은 3장으로 구성했습니다. 처음에는 '재미있고 즐겁게'라는 경영론의 전체상을 제시하고, 이어서 재미있고 즐겁게 경영하기 위한 방법론을 직원 편과 경영자 편으로 구분하여 구체화했습니다. 각 장 말미에 월간 경영 잡지《닛케이 톱 리더》의 부편집장이 해설 기사를 써주었습니다. 그리고 마지막에 젊은 기업가의 기대주인 리브센스Livesense의 무라카미 다이치 사장과의 대담 내용을 담았습니다.

재미있고 즐겁게 일하는 것이 얼마나 유쾌한지, 그리고 경영자에게 유효한지 깨닫게 되시기를 바랍니다.

호리바 제작소堀場製作所 최고 고문

호리바 마사오堀場雅夫

차례

2장 '재미있고 즐겁게' 방법론_직원 편

1장
'재미있고 즐겁게'
경영 개론

인간이 본래 가진 욕망을 억누르지 마라
욕심이 없는 사람은 도움이 안 된다

욕심은 하늘이 내려준 것이니
무리해서 억누를 필요가 없다.
욕심에 솔직해질 때 비로소 인간은 재미있게 일할 수 있다.
담백한 집단은 진보하지 못하고, 회사는 쇠퇴하게 된다.

1940~1950년대 경영자와 요즘 경영자의 결정적 차이는 무엇일까? 그것은 바로 욕심의 질이다. 과거 경영자는 지금의 경영자보다 훨씬 더 자신의 욕심에 충실하게 살았다.

오욕과 강욕은 다르다

욕심은 결코 나쁘지 않다. 식욕, 성욕, 재(물)욕, 명예욕, 정복욕(일반적으로는 '수면욕'을 말한다) 등 다섯 가지 욕심은 신이 내려준 것이다. 사람에 따라 정도의 차이는 있겠지만 이는 누구나 가지고 태어난다. "(회사 돈을 개인적으로 사용한) 다이오 제지大王製紙 상속자 같은 욕심쟁이가 늘어나 걱정이다"라고들 하는데, 내가 말하는 욕심은 그것과 질이 다르다.

다른 사람에게 위해를 가하거나 곤란에 빠트리며 자신의 욕심을 채우려는 것은 강욕強欲이라고 하는데, 이는 가져서는 안 되는 욕심이다. 오욕五欲은 강욕과 글자 하나 다를 뿐이지만 뜻은 전혀 다르다. 식욕이 없어지면 인간은 죽음을 맞이한다. 성욕이 없어지면 자손을 남길 수 없다. 많은 연봉을 받겠다는 재욕이라든가 장래에 총리나 박사가 되겠다는 명예욕과 같은 욕심이 없다면 인류는 멸망할 것이다.

오욕은 신이 인간이라는 종족을 지키고 성장시키기 위해 내려준 귀중한 것이다. 부모가 물려주거나 자신의 노력으로 얻을 수 있는 것이 아니다. 그러니 '오욕을 부려서는 안 된다'고 말하는 이는 신을 두려워하지 않는 괘씸한 사람이다.

그런데 요즘은 강욕을 가진 사람은 눈에 많이 띄지만 오욕이 약한 사람이 많다. 목표의 6부 능선만 넘어도 벌써 다 끝난 것처럼 '아, 이런 거였구나'라고 말하는 경영자만 있을 뿐이다. "이 사업은 앞으로 얼마든지 더 성장할 수 있겠군"이라고 격려해도 "너무 힘드네요. 관둘랍니다"라고 말하며 정말로 그만두려고 한다. 참 어리석은 사람들이다.

청빈이 아닌 청부를 추구한다

비단 경영자들만 이러는 게 아니다. 창피한 일이지만 호리바 제작소에도 욕심이 없는 직원이 늘고 있다. 젊을 때부터 적극적으로 해외로 보내는 등 직원이 벤처 정신을 가질 수 있도록 여러 궁리를 하고 있는데도 그렇다.

얼마 전 매달 열리는 생일 파티에서 신입 직원에게 무엇을 갖고 싶으냐고 물었더니 "특별히 없지만……1년을 근무하면 유급휴가가 생기니까 한번쯤 푹 쉴 수 있는 여행이라도……"라는 대답을 들었다. 정년을 앞둔 노인 같은 발언이 한심스러웠다.

또 놀랍게도 정년까지 근무하면 퇴직금은 얼마를 받을 수 있는지 인사부에 문의하는 신입 직원도 있었다고 한다. 퇴직금 같은 것을 기대하지 말고 자신의 힘으로 인생을 더 즐겁게 보낼 수는 없는가? 참 안타깝다.

욕심이 적은 사람은 향상심이 없다. 즉, 능력이 없다. 세상에 도움이 되지 못한다. 그래서 "제 능력은 이게 다인 것 같습니다"라고 말하는 사람이 있으면, 나는 "나가서 죽도록 하게"라고 말한다. 우리 직원은 물론 다른 사람에게도 그렇게 말한다.

농담치고는 좀 심하다 싶지만 다른 방법이 없다. 더 이상 좋아지겠다는 의지가 없다면 조직에 방해가 될 것이 틀림없다. "네놈은 똥 만드는 기계에 불과하구나. 이산화탄소를 배출해 지구온난화를 심화시키는 놈이로구나!"라고 하면서 내떨어버린다.

분명 옛날 일본인들에게는 미국을 따라잡고 숫제 뛰어넘겠다는 명확한 목표가 있었다. 그것이 일본인들로 하여금 욕심을 내게 만들었다. 하지만 그것을 어느 정도 성취한 지금 '굳이 어려운 일을 하면서까지 경쟁하지 않아도 된다. 한 번 실패하면 사람들에게 바보 취급이나 당한다'와 같은 생각을 하게 된 것이다. 나 역시 그런 사실을 모르지 않는다.

허나 인간이 능력을 발휘하려면 오욕은 반드시 필요하다.

특히 사업을 일으킬 책임이 있는 사장이 청빈淸貧한 척해서는 안 된다. 물론 '청淸'은 당연히 좋지만 '빈貧'보다 '부富'가 맞다. 즉 '청부淸富'해야 한다.

생각해보라. 당신은 궁색한 인상을 가진 사장이 있는 회사에서 일하고 싶은가? 적극적이고 당찬 사장이 이끄는 회사가 실제로 좋은 물건도 만든다. 열심히 제품과 서비스를 만들어 충분한 이익을 낸다. 그리고 직원에게 만족할 만한 급여를 지불해야만 비로소 기업은 사회적 책임을 완수하는 것이다.

'나는 청빈하다'고 잘난 척하는 경영자는 죄인이다. 청빈한 경영자는 존재 가치가 없다. 경영자가 추구해야 하는 것은 '청부'가 아닐까?

비관론은 필요 없다

회사를 경영하면서 '이 수준에 머물러 있으면 괜찮다'는 있을 수 없는 일이다. 긴장을 늦추는 순간 엉망이 된다. 엔진을 멈추면 자동차는 멈추지만, 회사는 비행기와 비슷해서 엔진을 멈추면 중력에 의해 추락한다.

공중에 떠있는 헬리콥터처럼 현상을 유지하려는 것이 가장 위험하다. 이 현상에서 벗어나려는 힘의 근원이 바로 인간의 욕심이다. 그래서 "욕망을 억누르지 말게"라고 조언해주면 요즘 경영자는 의아해한다. 좀 배웠다 하는 사람도 "일본은 축소균형을 지향하고 있기 때문에 욕심을 버리고, 길고 가늘게 살아갈 수밖에 없습니다"라고 비관론을 주장한다.

하지만 이는 틀린 말이다. 거시적인 숫자만 보고 인간의 가능성을 통찰하지 않은 채 비관론만 앞세우는 일은 그만했으면 한다. 대체로 평론가와 학자를 보고 있으면 일본에서는 '많이 공부했다'는 사람일수록 비관론을 주장하는 경향이 있다. 비관적으로 말하면 '머리에 든 게' 있는 것처럼 여기는 나쁜 풍조가 존재한다. 그런데 비관론이 판치는 나라에서 과연 누가 살고 싶어 할까?

누가 뭐라고 하든지 나는 낙관론을 주장한다. 나는 호리바 제작소의 사훈도 '재미있고 즐겁게'로 정했다. 오욕을 느끼는 그대로 솔직하게 받아들이면서 매일매일 어떻게 재미있고 즐겁게 일할 것인가를 생각하려 한다. 이런 사고방식을 가진 회사가 늘어나면 일본은 분명 활력을 되찾을 것이다.

예스맨 임원들도 반대한
'재미있고 즐겁게'라는 사훈

원래 사훈 만드는 것을 싫어했는데,
생각을 바꿔 사훈을 만들었다.
그런데 우리 직원은 물론 거래처까지 반대하고 나섰다.
이상하다던 사훈을 어느새 모두가 받아들이고 있었다.

'재미있고 즐겁게'라는 사훈의 시작은 호리바 제작소가 오사카 증권거래소에 주식을 상장했던 1971년으로 거슬러 올라간다. 오사카 증권거래소 이사장과 이야기하다가 "그런데 회사 사훈이 뭔가요?"라는 질문을 받았다.

나는 사훈 같은 것을 싫어했다. 대체로 회사 능력과는 거리가 멀고, 멋진 말로 포장한 것뿐이라고 생각했기 때문이다. 고객을 조금도 소중하게 생각하지 않는 회사가 '고객은 신'이라고 사훈을 내걸고 있는 것을 보면서, 이 사람들 정말 멍청하다고 생각했다. 그런 이유로 창업한 후 단 한 번도 사훈을 만들겠다고 생각한 적이 없었다. 그래서 당당하게 "우리 회사는 사훈이 없습니다"라고 대답했다. 그런데 증권거래소 이사장은 상당히 설득력이 있는 사람이었다.

'마음가짐'을 사훈으로

"사장님의 회사가 무슨 사업을 하는지는 조사하면 알 수 있습니다. 하지만 주주는 경영자가 어떤 경영 철학으로 경영하고 있는지 알고 싶어합니다. 기업 외부에서 기업의 진정한 모습을 보기는 어렵습니다. '우리 회사는 이런 마음가짐으로 경영을 하고 있습니다'라고 알리는 가장 좋은 방법은 사훈이지요. 그러니까 사훈을 만드는 것이 좋습니다."

나는 그 말에 감명을 받았다. 그래서 돌아가는 길에 서점에 들려 사훈을 모은 책을 살펴봤다. 지금까지 하찮게 생각했던 사훈도 가치가 있다고 생각하고 살펴보니 꽤 재미있었다. 철학적인 것도 있고 《논어》에서 인용한 것도 있었다.

그래서 사내에서 사훈을 모집했다. '극한에 도전하는 기술의 호리바' 등을 비롯해 많은 아이디어가 나왔다. 그중 다섯 개를 고른 뒤, 그 글귀들을 제출한 직원들에게 상금을 수여하고 식사도 대접했다. 그런데 "어떻게 생각해냈냐?"고 묻자, 다섯 명 모두 "사훈집에서 인용한 뒤 조금 수정했습니다"라고 말했다. 믿고 싶지 않은 대답이었다.

아무도 찬성하지 않은 사훈

역시 사훈을 내가 생각해야겠다는 결심이 섰다. 그러고 나서 새삼 나 자신이 지금까지 어떠했는가를 돌이켜보니, 성과를 낼 정도로 의미 있는 일을 한 경우 모두가 참기 어려울 정도로 너무 재미있었던 때였다. 모든 사원이 이런 마음가짐으로 일하는 회사가 되면 얼마나 멋질까? 그래서 결정했다. 사훈은 '재미있고 즐겁게!'

그런데 이를 임원 회의에 상정하자, 아무도 찬성하지 않았다. 일반적으로 내가 "이런 걸 해보자"고 하면 다들 "좋습니다, 사장님. 그렇게 하지요"라고 대답했다. 그래서 이번에도 쉽게 통과하리라고 생각했는데 모든 임원이 입을 다물었다.

"왜 그러냐?"고 물어보면서 차례차례 얼굴을 쳐다보니, 다들 고개를 점점 더 숙인다. 내 옆에 앉아 있던 차기 사장 후보에게 당신은 어떻게 생각하느냐 묻자, "사장님, 말이 좀……"이라며 얼버무리면서 이렇게 말을 잇는다.

"'재미있고 즐겁게'라는 사훈이 주는 느낌에는 찬성합니다. 하지만 사훈으로는 어색하다고 생각합니다. 역시 사훈은 《논어》의 한 줄을 인용한다든지……."

차기 사장 후보가 이렇게 말하니 다른 임원도 덩달아 "저도 그렇게 생각합니다" 하며 가세한다. "매번 좋다고만 하더니 이번에는 어떻게 된 거냐?" 웃으며 물었다. 영업 담당 임원은 "정밀기계를 만드는 회사의 이미지가 재미있고 즐겁다고 하면 물건이 팔리지 않을 텐데요"라며 투덜거린다.

그들 생각을 이해하지 못하는 것은 아니다. 하지만 예전처럼 '성심성의'나 '고객은 신' 같은 판에 박힌 사훈은 생각도 하고 싶지 않았다. 그래서 사훈 하나를 만들더라도 지금까지의 것과는 다른 새로운 발상으로, 좀 더 구체적으로 만드는 것이 호리바 제작소다운 일이라고 임원들을 설득했다.

그럼에도 불구하고 한동안 평행선이 이어졌다. 사훈은 한

번 만들면 쉽게 바꿀 수 있는 것이 아니기 때문에 임원들도 끈질기게 물고 늘어졌다. 시간이 지나도 결론이 나지 않았다. 그런 채로 시간이 흘러 설립 25주년이 되던 1978년에 오래 전부터 구상했던 사장 교체를 단행했다.

"어떻게 기념할까요?" 임원들이 신경을 쓰면서 묻기에, 마지막 기회라고 생각하고 "축하는 필요 없으니까 '재미있고 즐겁게'를 사훈으로 결정해주시오"라고 부탁했다. 임원들이 "정말 끈질기시네요. 원하시는 대로 해드리겠습니다"라고 대답해 이때서야 비로소 사훈 문제가 해결되었다. 사훈을 만들겠다고 생각한 지 7년이 지난 뒤였다.

시대와 일치하다

사훈이 '재미있고 즐겁게'라고 정해진 사실이 알려지자, 아니나 다를까 "당신네 회사는 그렇게 재미있고 즐겁습니까? 그러면 우리 회사는 자금난에 허덕이고 있으니 납품 가격을 싸게 해주시오"라고 터무니없는 생떼를 쓰는 거래처도 생겼다. 영업을 담당하던 임원은 '그러니까 제가 뭐랬습니까?'라는 표정이었다.

사실 "재미있는 사훈이네요"라고 칭찬하던 사람도 속으로는 무슨 생각을 했는지 알 수 없다. 우리 회사 사훈을 세상이 조금은 알아준다고 생각하게 된 것은 최근의 일이다. 그만큼 세상이 바뀌었다는 증거라고 생각한다.

일이란 원래 힘든 것이 아니다. 나는 일이 결국은 육체노동에서 두뇌 노동으로 전환될 것이라고 이미 오래전부터 공언해왔다. 도쿄 대학의 이토 모토시게伊藤元重 교수도 《닛케이신문》에 이런 멋진 표현을 한 적이 있다.

원래 '일하다'를 뜻하는 말은 '레이버labor', '워크work', '플레이play' 등 3종류가 있다. 육체를 사용하는 레이버가 경제 고도화로 지식과 기능을 파는 워커worker로 변했다. 앞으로 일본인은 예술적·창조적인 플레이어player로 바뀌어야 한다.

내가 기다리고 기다리던 재미있고 즐겁게 일하는 시대가 드디어 온 것이다.

좋아하는 것은 즐기는 것만 못하다
블랙기업*이 알아야 하는 사실, 이것을 읽어라

노동력을 착취하는 블랙기업은 시대착오적 발상을 하고 있다.
직원이 마지못해 일하는 회사는
제대로 된 제품을 만들지 못한다.
공자도 '즐겁게 일하는 것이 인생의 본질'이라고 말하지 않았던가.

요즘 일본에서는 '블랙기업' 문제가 뜨고 있다. 나는 솔직히 낮은 임금으로 직원을 혹사시키는 노동 착취형 기업이 여전히 존재하고 있다는 사실이 믿기지 않는다.

입에 풀칠만할 수 있으면 무슨 일이라도 하겠다는 시대에서 도대체 몇 년이 흘렀나? 제2차 세계대전이 끝난 지도 벌

---

* 노동법의 미비한 점을 악용하거나 무시하면서 근로자에게 가혹한 노동을 강요하는 기업이다. 2013년 《블랙기업-일본을 먹어 치우는 괴물》을 쓴 곤노 하루키는 '법에 어긋나는 비합리적인 노동을 직원한테 의도적·자의적으로 강요하는 기업, 곧 노동 착취가 일상적·조직적으로 이루어지는 기업'이라고 정의했다. _옮긴이 주

써 70년이다.

얼마 전 우연히 예전에 썼던 실험 메모를 보다가 갈겨쓴 내용 하나를 발견했다.

'이세 단무지*에 흰 쌀밥을 배부르게 먹을 수만 있다면 무엇이든 하겠다.'

전쟁이 끝난 직후라 먹을 것이 참 귀했었다. 그러다 보니 실험 중에 배가 고파서 그런 낙서를 남겼던 모양이다. 그 시절을 떠올리며 나도 모르게 쓴웃음을 짓고 말았다.

그때는 그래도 괜찮았다. 하지만 풍요로운 현대의 일본에서 직원을 노예처럼 혹사시켜 이익을 내는 기업이 존재해도 될까? 그런 회사와 경영자는 이미 오래전에 사회로부터 추방되었어야 마땅하다.

물론 기업이 성장하는 과정에서 일시적으로 직원에게 무리한 요구를 하는 경우도 있다. 호리바 제작소에서도 예전에 수당 없이 밤늦게까지 잔업을 한다든지, 휴일에 출근하기도 했다. 그렇지만 나는 직원들에게 그 이유를 납득시켰다.

---

* 미에(三重) 현 이세(伊勢) 지역의 특산물이다. _옮긴이 주

공동의 이해관계

"지금 열심히 일하지 않으면 회사가 성장하기 어렵다. 그런데 잔업수당과 휴일출근수당을 원칙대로 계산해 지급하면 회사가 적자가 난다. 적자가 나면 은행에서 대출을 받을 수 없다. 그러니 우리는 얼마의 수당보다 눈앞의 일을 우선시해야 한다."

직원들 모두 이러한 인식을 공유했던 이유는 내가 몇 번이고 설명했기 때문이다. 회사의 이익은 물론 얼마나 대출받았는지까지 모두 공개했다. "미안하지만 지금 모두 조금만 견뎌주면 반드시 호리바 제작소는 발전할 수 있다"고 직원들을 설득했다.

회사를 떠받치는 3개의 기둥은 자본과 경영, 노동이다. 각각이 역할을 분담함으로써 회사는 이익을 낼 수 있다. 나는 또 "이익이 발생하면 그에 따른 보수도 어김없이 받게 될 것이다"라고 자주 말했다.

그리고 훗날 부가가치의 60퍼센트 이상을 직원에게 분배하는 규정을 도입한 뒤 지금까지 투명하게 집행하고 있다. 경영자와 직원이 이해관계를 공유한 것이 호리바 제작소가 발전할 수 있었던 가장 큰 요인이다.

블랙기업이라고 도매금으로 지칭하지만 세부적으로는 여러 유형으로 분류할 수 있을 것이다. 경영자가 일시적으로 저임금일 수밖에 없는 이유를 직원에게 분명히 설명하고 있다면 직원들도 불평은커녕 오히려 기업을 응원할 것이다. 그렇지만 불황이니 뭐니 둘러대면서 직원들의 생활수준을 극한으로 몰아세우고 거기서 이익을 내는 것이 진정한 경영이라고 생각한다면, 그것은 근본부터 잘못된 사고방식이다.

긍지를 가지게 하다

기업이 계속 존재하려면 사회가 필요로 하는 것을 계속 제공해야 한다. 이는 누구나 납득할 수 있는 진리다. 하지만 고객에게 진심으로 기쁨을 주고 싶다면 직원들이 어떤 생각으로 일하는지를 파악해야만 한다.

"내가 하는 일은 고객과 사회를 행복하게 한다."

직원들이 이런 긍지 없이 일하고 있다면, 그 기업은 진정으로 가치 있는 상품과 서비스를 만들어내지 못한다.

"우리 회사는 월급이 터무니없이 낮지만, 이곳 아니면 딱히 갈만한 회사도 없으니까 별 수 없다."

이렇게 직원이 마지못해 일하는 회사에서 고객을 기쁘게 할 수 있는 아이디어를 과연 만들어낼 수 있을까? 전혀 그렇지 않다고 본다.

호리바 제작소는 약 5,800명의 직원이 있다. "당신이 말하는 것처럼 정말 모든 직원이 재미있고 즐겁게 긍지를 갖고 일합니까?"라는 질문에 '그렇다'고 단언할 수는 없다.

그러나 나는 그렇게 되도록 계속 노력하고 있다. 이 나이에도 매일매일 사업별 책임자를 만날 때마다 "우리는 경영을 재미있고 즐겁게 하지 않으면 안 되오"라고 말하고 있다.

'좋아하다'보다 '즐기다'

공자가 《논어》에서 이런 말을 했다.

공자께서 말씀하시기를, 아는 사람은 좋아하는 사람만 못하고, 좋아하는 사람은 즐기는 사람만 못하다.

子曰, 知之者不如好之者, 好之者不如樂之者.

_《논어》, 〈권제3卷第三, 옹야제6雍也第六〉

어떤 일이든 그 내용을 잘 모르고 하는 것보다 충분한 지식을 가지고서 하는 편이 낫다. 그렇지만 일에 대해 숙지하고 있는 것만으로는 부족하다. 좋아서 그 일을 하는 것이 가장 좋다. 하지만 그 일을 하면서 마음이 들썽들썽할 정도로 즐기고 있다면 더할 나위 없이 좋다. 공자의 이야기를 내 나름대로 번역해본 것이다.

공자는 일이 재미있어지면 그것은 더 이상 일이 아니라고 말하고 싶었다고 생각한다. 공자가 살았던 시대에는 과혹過酷한 노동이 많았다. 그런데도 공자는 일의 본질, 인생의 본질을 날카롭게 꿰뚫어보고 있었던 것이다.

일을 하면서 고통스럽기를 원하는 사람은 단 한 명도 없을 것이다. 어차피 일을 해야 한다면 차라리 즐겁게 하고 싶을 것이다. 이런 인간의 마음을 무시한 채 눈앞의 이익을 추구하는 경영은 이제 그만두었으면 한다.

'수고하셨습니다'라는 말은 금지
수고하고 있다고 단정하지 마라

"수고하셨습니다"라고 위로할 정도로 하는 일이 힘든가?
일이 힘들다고 느끼는 원인은 요령이 부족하기 때문이다.
재미있게 일하는 것.
이것이 인간의 자연스러운 모습이다.

일이 끝나면 "수고했습니다"라든가 "고생하셨습니다" 같은 말을 하는 것을 봤다. 도대체 왜 이런 말을 하는지 알고 싶다. 일하는 것이 그렇게 힘들어서일까? '피곤하세요?'라면 모를까, '수고하셨습니다'는 아니다. 단언하지 마라. 수고하지 않으면 안 된다는 것인가?

내가 부하 직원에게 "수고가 많네"라고 말하는 이유는 실제로 내가 그를 '고생시키고 있구나'라고 생각할 때가 있기 때문이다. 그렇지만 직원으로부터 "수고하셨습니다"라는 말을 들으면 어쩐지 이상한 기분이 든다. 직원이 나에게 일하라고 명령한 적이 없기 때문이다. 더군다나 그 직원이 오늘 내가 한 일의 내용도 잘 알리가 없지 않은가. 결국 직원이 내게 한 '수고하셨습니다'는 무책임한 말이다.

의학적 근거는 없다

이전에는 그냥 인사말이라고 생각했는데, 나이를 먹으면서 점점 '수고했다'는 말이 귀에 거슬린다. 얼굴을 맞대고 "수고하셨습니다", "고생했습니다"라는 말을 듣는 것이 싫다. 그래서 몇 년 전부터 나에게는 그런 말을 못하도록 금지령을 내렸다.

안내 데스크의 여직원도 내가 밖에서 회사로 돌아오면 "수고하셨습니다"라고 인사를 했었는데 절대 하지 못하도록 했다. 지금은 내가 "다녀왔다"고 말하면 여직원은 "어서 오십시오"라고 기분 좋게 받아준다.

일을 마치고 회사에서 나오면서 안내 데스크 여직원에게 "다녀오겠다"고 말한다. 아침에 출근할 때는 안내 데스크에

"다녀왔다"고, 저녁 퇴근 때는 "다녀오겠다"고 인사한다. 내 본거지는 회사니까 이렇게 하는 것이 맞다고 생각한다.

그러니까 매일 아침 집을 나서면서 아내에게 "다녀오겠소"라고 말하고 바로 그대로 다른 집으로 가는 셈이다.

대체로 나는 일이 재미있기 때문에 조금도 피곤하지 않다. 재미있든 없든 사용하는 에너지는 같은데도 '재미있으면 피곤하지 않은' 경험은 누구나 가지고 있을 것이다.

이러한 현상은 일에만 국한되지 않는다. 운동경기를 즐기며 땀을 흘리면 상쾌하다. 여기에 1,000킬로칼로리를 사용했다고 치자. 그리고 양손에 역기를 들고 1,000킬로칼로리를 소비했다. 두 경우에 느끼는 피로감은 같을까? 그렇지 않을 것이다. 또 재미있는 책은 새벽 2시, 3시에도 마지막까지 읽고 싶어진다. 졸립기는커녕 읽다 도중에 그만두면 다음 내용이 궁금해서 잠을 설치게 된다.

체감 시간 역시 달라진다. 싫어하는 사람과 이야기하면 '이제 한 시간쯤 지났을까' 생각했는데 아직 20분밖에 지나지 않은 경우도 있다. 반대로 재미있는 동료들과 기분 좋게 마시다가 '이야, 이제 자정이 넘었겠다'며 시계를 들여다보면 벌써 새벽 2시인 경우도 있다.

흥미를 가지고 있다든지 재미있다고 생각하면 피곤하지 않을 뿐 아니라 시간도 빠르게 흐른다고 느낀다. 이는 의학적으로 규명되지는 않았지만 엄연히 현실에 존재하는 경험이다. 그러고 보면 인간이란 정말 대단하다.

창의적으로 골똘히 궁리하며 일한 사람에게 그에 맞는 은혜를 신이 부여하고 있는 것이라고 생각한다. 재미있을수록 피곤해지는 것이 아니라, 재미있을수록 편하고 쉬워진다. 이것은 매우 중요한 사실이다.

필요 없는 안식일

'수고했다'는 말의 어원은 잘 모르지만, 그 사용법은 기독교의 영향을 받은 것 같다. 기독교적 사고방식에서 일은 '고달픈' 것이다. 분명히 산업혁명이 일어나기 전까지 일은 육체노동을 의미했다. 이 당시 일이라는 것이 대개 노를 젓고, 수레를 끌고, 씨를 뿌리고, 논을 매는 일이었으니 말이다. 그래서 노동을 금하는 안식일을 만들어 몸을 쉬게 하고 신에게 기도를 바친다.

안식일에 일하는 것은 종교적 죄악이라는 문화 배경에 대해 예전에는 잘 몰라서 유럽에 있는 우리 회사에서 몇 번인가 문제가 발생했었다.

일본인 현지 주재원이 일요일에 회사에 나가 일을 하고 있으면 "저 회사는 안식일에도 일을 한다"는 신고가 접수된다. 한번은 그래서 일종의 노동 감시 부서에서 사람이 나온 적이 있었다. 스스로가 원해서 하는 일인데 왜 트집을 잡는지 알 수가 없었다. 게다가 당사자는 평사원도 아니고 자신의 재량으로 일을 하는 관리직이었다.

"당신들한테 이래라저래라 말 들을 일이 아니다" 하고 화를 내자 '국외 퇴거' 명령이 내려졌다. 화가 치밀어 호되게 소리를 쳤지만 문제는 해결되지 않았다. 결국 물러설 수밖에 없었다. "로마에 가면 로마법에 따라야 하니까 당신들이 하라는 대로 하겠지만, 일본에서는 이런 습관이 없다는 것은 알아두시오"라고 말해주기는 했다.

창의적 발상이 부족하다

일이 고통스러웠다는 것은 옛날이야기다. 지금은 어떤 일을 하든 창의적 발상이 가능하다.

일을 바라보는 관점과 방법을 재미있게 바꾸면 고통스럽기는커녕 수십 시간이라도 일할 수 있다. 20~60세 무렵까지의 40여 년간은 인생에서 가장 중요한 때다. 주말에 놀기 위해서 평일에는 싫어도 일을 한다. 늙으막에 즐기겠다는 생각으로 젊은 때인 지금 고생한다. 이런 수동적이고 재미없는 인생과 하루하루를 즐기는 전향적인 인생은 하늘과 땅만큼이나 다르다.

"이런 대변혁의 시기에 일을 어떻게 재미있게만 할 수 있는가?"라고 묻는 경영자는 창의성이 부족한 사람이다. '수고하셨습니다'라는 말을 계속 들어야 하는 재미없는 삶을 다른 사람들은 어떨지 몰라도 나는 참을 수가 없다.

경영에 '방정식'은 없다
내가 생각을 바꾼 이유

예전에는 뭐든지 논리적으로 해결할 수 있다고 믿었다.
그런데 인간의 신비함에 대해 알고 나서는
생각을 고쳐먹었다.
'재미있게 즐겁게'는 그러한 생각의 전환에서부터 시작되었다.

사람이라면 누구나 전환기를 맞이하는 때가 있다. 솔직하게 말하면 '재미있고 즐겁게' 일하자는 생각을 젊을 때부터 했던 것은 아니다. 그러기는커녕 정반대의 생각을 가지고 있었다.

대학에서 물리학을 연구했던 나는 세상의 모든 일을 논리적으로 설명할 수 있다고 믿었다. 올바른 방정식만 만들면 경제든 뭐든 논리적으로 잘 돌아간다고 생각했다. 문과 출신은 바보라서 인간관계를 너무 복잡하게 생각한다며 무시했었다.

마르크스의 금서

당시 이과 학생들이 그랬던 것처럼 나도 마르크스에 심취했었다. 그의 이론에는 명쾌한 논리가 있다고 봐서였다. 마르크스는 공산주의 사상을 어떻게 현실 사회에 적용시켜야 국민의 생활이 풍요로워지는지 말해주었다. 그것은 마치 물리학에서 뉴턴의 역학 이론과 아인슈타인의 상대성원리를 인간 사회에 응용하는 방법처럼 흥미로운 주제였다.

물론 천황을 숭배하던 당시 일본에서 공산주의 사상을 담고 있는 책을 읽으면 잡혀갔다. 하지만 음성적 세계에서는 선정적인 책들과 함께 마르크스와 레닌이 쓴 '금지된 책들'이 많이 돌아다녔고, 그래서 나도 그런 책들을 구해 몰래 공부했다. 그렇지만 그것만으로는 깊이 있게 배울 수 없었다.

그래서 전쟁이 끝나자 교토의 공산당 사무소를 찾아갔다.

"제대로 마르크스 이론을 공부하고 싶어서 그러는데, 교본을 소개해주실 수 있으신지요?"

그러자 응대했던 사람이 이렇게 명령했다.

"이론 공부 같은 건 필요 없어. 당장 이 전단을 뿌리고 와."

느닷없이 전단지를 돌리고 오라니? 이상적인 사회를 만들기 위한 공부를 하고 싶어서 찾아왔는데 말이다. 앞으로 일본은 공산주의를 따르지 않으면 재건하기 힘들겠다고 생각했던 내 열정이 순식간에 식어버렸다.

그래도 논리를 만들어놓으면 세상일은 무엇이든지 해결할 수 있다는 생각 자체가 그 당시까지는 바뀌지 않았다.

의학을 공부하며 바뀐 생각

그랬던 나의 생각은 1960년에 의학 공부 시작을 계기로 확실하게 바뀌었다. 직원들에게 "더 연구해서 박사 학위 정도는 따라"고 강하게 독려했기 때문에 나 자신도 새로운 분야를 연구하려는 생각에 의학박사 학위에 도전하기로 마음먹었다.

그때까지 의사는 인간의 몸에 대해 모두 다 잘 알고 있다고 생각했다. 그러나 실제 의학의 길로 들어서보니 인간의 각 부위가 어떻게 기능하는지, 즉 결과는 알지만 왜 그것이 존재하고 움직이는지는 전혀 알지 못하고 있었다. 한마디로 의학은 현상론뿐이었다.

'이게 뭐야. 왜 이렇지? 전혀 논리적이지 않아.'

나는 아연실색하고 말았다.

의학은 논리적이지 못하기 때문에 상식이 쉽게 뒤바뀐다. 나는 고등학생 때 럭비를 했었다. 한여름 몹시 더운 날, 럭비 시합 중 전반전이 끝나고 하프타임에 물을 마시려고 하면 감독님은 "마시지마. 더 지쳐!"라며 혼을 내셨다. 그랬던 것이 지금은 어떤가 하면, 감독이 직접 나서서 선수들에게 "수분을 섭취해"라고 지시하는 식으로 바뀌었다.

얼마 전 종지뼈에 금이 갔을 때는 미친 듯이 화가 났다. 다친 다음 날, 내 다리에 기계를 붙이고 의사가 움직이려고 하는 것이었다. 70년 전에 반대쪽 종지뼈에 금이 갔을 때에는 3주 동안이나 깁스를 하고 다리를 매달아놨었다. 어떻게 된 일이냐며 의사에게 따지고 들었다.

의사는 "시대가 다릅니다"라는 단 한마디로 대답을 끝냈다. 도대체 시대가 무엇이란 말인가?

"예전에는 이게 좋다고 생각했었는데 이러저러 여차여차해서 이 치료법이 낫다는 사실이 판명 되었습니다."

이렇게 설명해주면 그나마 납득할 수 있다. 근거가 분명하지 않으면 치료법을 180도 바꾸지 말라고 말하고 싶다.

직원의 무한한 능력

인간은 과학으로 완벽하게 파악할 수 없다. 그 어떤 최신 지식과 기술을 가지고 있더라도 사람의 몸을 만들 수는 없다. iPSinduced pluripotent stem 세포도 인체가 만들어낸 것을 바탕으로 늘려나간다고 하니까, 아예 아무것도 없는 상태에서는 단 하나의 세포를 만드는 것도 불가능한 셈이다.

그리고 처음 만난 사람일지라도 5초 정도만 지나면 이 사람이 좀 수상한지 어떤지 대체로 눈치챌 수 있다. 반면 아무리 화상인식 기술이 발달했다지만 컴퓨터 기술로 인격을 알아낼 수는 없는 일이다.

자연과학을 신봉했는데, 유독 생명에 관해서는 그것이 거의 도움이 되지 못했다. 거꾸로 생각하면 그만큼 인간의 몸이 우리가 상상하는 것 이상으로 굉장하다는 뜻이다. 결국 인간 사회에서는 논리적으로 설명하지 못하는 것이 많다는 것을 깨닫고 생각을 바꾸게 되었다. 그것이 경영자가 되고 나서 10년 정도가 흐른 뒤의 일이다.

그때까지 나는 무턱대고 앞만 보고 돌진했던 것 같다. 문득 멈춰서 생각하니 회사도 커졌고, 나는 이미 많은 사람에게 영향력을 행사하는 존재였다.

'그래! 인간의 능력이 그렇게 무한한 것이라면 지금부터 그 것을 끝까지 발휘할 수 있는 경영을 해나가자.'

마음을 굳게 먹었다.

나 자신을 되돌아봤다. 창의적인 아이디어를 떠올린 덕에 성과가 나왔을 때는 언제나 재미있고 즐겁게 일하고 있었다. 왜 그랬을까? 이에 대해 논리적으로 설명하기는 어렵다. 하지만 재미있고 즐겁게 일할 수 있는 회사를 만들면 반드시 직원들이 자신의 능력을 십분 발휘해줄 것이다. 이렇게 생각하는 과정을 거쳐 지금의 '재미있고 즐겁게'라는 사훈의 토대가 만들어졌다.

자신의 한계를 알고 있다고?
인류의 최대 강점은 '순응력'이다

과혹한 환경 변화도 극복하는 순응력.
인류가 번영할 수 있었던 것은
이 능력이 있었기 때문이다.
진정한 한계는 생각하는 것보다 훨씬 더 멀리에 있다.

어째서 인류는 오랫동안 지구 생태계에서 왕좌를 차지할 수 있었을까? 이에 대해 90퍼센트의 사람은 아마도 "지능 덕분입니다"라고 말할 것이다. 나도 그것을 부정하지는 않지만, 가장 중요한 이유는 동물 중에서 인간이 압도적으로 강하기 때문이라고 생각한다. 인간은 환경 변화에 너무나 잘 적응한다.

칼로리가 부족해도, 넘쳐도 건강한 인간

전쟁이 끝날 때 나는 메모장에 매일 무엇을 먹었는지 상세하게 적었다. 그 메모 내용을 계산해보니 겨우 1,200~1,300킬로칼로리밖에 섭취하지 않았음을 깨달았다. 일반적으로 성인은 하루에 2,000킬로칼로리 정도를 섭취해야 한다고 하니, 정말 못 먹고 살았던 것이다.

그래도 빼빼 마르지도 않았고 건강하게 잘 돌아다녔다. 그랬는데 지금은 젊은 직원들과 야키니쿠*를 먹으러 가면 대략 하루에 5,000킬로칼로리는 넘게 섭취한다.

개나 고양이라면 이렇게 할 수 없다. 필수 섭취 칼로리보다 너무 부족하거나 과다한 상태가 지속되면 죽음을 맞이하게 되기 때문이다. 그렇지만 인간은 멀쩡하다.

우리 몸은 1,200킬로칼로리밖에 섭취하지 못하면 기초대사량을 훨씬 낮춰서 에너지 소비를 한없이 억제한다. 자동차로 말하면 아이들링** 상태라고 할 수 있다. 많이 먹었을 때는

---

* '일본식 불고기'이다. _옮긴이 주

** 기계나 자동차의 엔진이 움직이는 데 필요한 힘을 시동을 걸어서 만드는 대신, 엔진이 스스로 회전해 힘을 만들도록 설정한 최저 회전 속도이다. _옮긴이 주

기초대사량을 올려 에너지를 단숨에 배출한다.

또 지역의 고도와 기온의 변화에도 강하다. 지하 1000미터까지 파내려가 석탄을 채굴하거나, 표고 9000미터에 육박하는 에베레스트 산에도 산소통 없이 올라간다. 뿐만 아니라 방한복을 입으면 영하 50도에서도 살 수 있으며, 영상 50도에서까지 생활이 가능하다. 체형이 큰 동물 중에 이렇게까지 환경 변화에 잘 적응하는 좋은 없다.

정말 공황에 빠지는 두 가지 경우

인간이 이처럼 훌륭한 순응력을 가지고 있다는 사실을 알고 있었나? 꼭 한번 자신의 한계가 어디쯤인지 도전해보는 게 좋을 것이다. 그 순간은 힘들겠지만 나중에는 '이 정도라면 견딜 만하다' 같은 정신적 여유가 생긴다.

젊었을 때 나는 3일 정도는 아무렇지도 않게 밤을 샜다. 콘덴서의 동작 실험을 할 때가 그 예다. 당시에는 데이터 기록 장치가 없었기 때문에 자신의 눈으로 확인할 수밖에 없었다. 콘덴서를 장시간 연속 가동하면 드물지만 이상 현상이 발생하는데, 그때가 가장 곤란하다. 왜 고장이 났는지 파악하고, 고장에 이른 과정을 찾아내서 고쳐야 하기 때문이다.

콘덴서를 응시하면서 그 한순간을 기다려야 하는데, 잠의 귀신과 대판 싸워가며 버티다가 깜빡 눈을 감으면 오류의 순간이 꼭 그때 지나가버린다. 상대는 무기물이기 때문에 오전이든 오후든 상관없을텐데도 꼭 자고 있을 때 사고가 일어난다. 이럴 때는 정신을 바짝 차리고 3일 동안 한숨도 자지 않으면서 콘덴서와 마주앉아 끝까지 원인을 찾아냈다.

이런 경험을 하게 되면 사람은 더욱 강해진다. '나는 이렇게까지 열심히 할 수 있구나' 같은 자신감이 생기게 된다.

우리 세대 사람들은 풍족하게 살아보지 못했고, 극한에 가까운 상황도 여러 번 경험했다. 내 생각에 정말 인간이 공황에 빠지는 경우는 두 가지 정도로 볼 수 있다. 첫째는 죽고 싶지 않은데 살해당할 것 같을 때다. 폭격 등으로 죽고 싶지 않은데 죽게 될지도 모른다고 생각하는 순간의 공포감은 이루 말할 수 없을 것이다. 또 다른 하나는 당장 오늘 밤부터 먹을 것이 없다는 사실을 깨달았을 때다.

남에게 이런 이야기를 하면 자신도 아는 것처럼 "정말 힘들었겠어요"라고 말할지도 모른다. 하지만 직접 당시의 공포를 체험하지 않았다면 절대 모를 것이다. 자유롭게 살 수 있는 지금도 내가 느끼는 공포감이 가시지 않는 것은 생사를 가르는 극한 상황을 여전히 체험하고 있기 때문이다. 그러나 이런 체험이 나에게 자신감을 가져다주는 것은 분명하다.

그렇기 때문에 기회가 된다면 자신의 능력을 시험해보는 것이 좋다. 지력이 됐든 체력이 됐든 극한까지 도전해보는 것이다. 진정한 한계가 어디인지 꼭 체험해보기 바란다.

환율이 얼마든 무섭지 않다

내가 볼 때 환율 문제 역시 1달러가 2엔이 되든 500엔이 되든 대단한 일이 아니다.

철이 들 무렵 환율은 1달러당 2엔이었다. 제2차 세계대전 뒤 회사를 설립하고 처음으로 미국을 방문했을 때는 1달러가 360엔이었다. 그러나 이것은 어디까지나 공식 환율이었다. 달러를 손에 넣기가 쉽지 않던 시대라 암달러 시장이 있었고, 그곳에서는 1달러가 500엔에 거래되고 있었다.

그러던 것이 1973년부터 변동환율제로 바뀌고 서서히 엔이 상승하기 시작했다. 이미 당시에 자동차 배기가스 측정 장치를 외국에서도 꽤 팔고 있었는데, 우리 회사 경리 담당은 "사장님, 1달러가 250엔이 되면 회사는 망합니다"라고 파랗게 질린 얼굴로 말했다.

하지만 실제로는 그렇게 되지 않았다. 200엔이 되고 150엔이 되더니 이윽고 100엔 밑으로 내려갔지만 회사는 망하지 않았다. 그래서 나는 이런 상상을 했다. '우리의 가격경쟁력이 이 정도라면, 엔저로 전환되면 도대체 얼마를 벌 수 있는 거야?' 그런데 실제로는 환율이 120엔으로 되돌아가도 회사의 이윤은 거의 늘어나지 않았다.

엔고가 되면 거기에 맞는 행동을 하게 되고, 엔저가 되면 또 다른 행동을 하게 된다. 인간은 좋든 나쁘든 순응력이 뛰어난 생물이다.

그렇기 때문에 곤경에 처하더라도 분발하면 어떻게든 된다. 반대로 극한까지 노력하지 않는 사람이 늘어나면 인간이 가진 순응력의 폭이 줄어든다고 생각한다. 이래서는 인류가 위기를 맞이할지도 모른다.

재미있게 일하고 있으면
매혹의 '파랑새'*를 찾을 수 있다

새로운 기술과 사업의 힌트는 의외로 가까이 있는 법이다.
그런 정보를 정확하게 포착하는
조직의 직원들은 감성이 날카롭다.
재미있고 즐겁게 일한다면 감도感度도 최대치로 올라간다.

　

예전에 이런 일이 있었다. 호리바 제작소가 만드는 가스분석기는 가스 시료에 적외선을 쬐어서 그 흡입률을 기준으로 농도를 측정한다. 낮은 농도의 가스를 고속으로 측정하려면 광학계의 반사 효율을 높여야 한다. 그러기 위해서는 높은 수준의 금도금이 반드시 필요하다.

---

* 벨기에의 모리스 마테를링크가 쓴 동화 〈파랑새〉에 나오는 새이다. 주인공인 틸틸과 미틸 남매는 마법사 할머니의 권유로 '행복을 가져다주는' 파랑새를 찾기 위해 모험을 떠났지만, 결국 파랑새는 자기네 집에 있던 '털이 파랗게 보이는' 비둘기였더라는 이야기이다. 행복은 알고 보면 자기 곁에 있다는 의미를 담고 있다. _옮긴이 주

그래서 최고의 금도금을 찾기 위해서 전 세계 여기저기를 돌아다닌 적이 있었다. 미국, 유럽 할 것 없이 이곳저곳 찾아 헤맸다. 그럼에도 좋은 물건을 찾지 못하고 의기소침해서 일본에 돌아왔는데, 도쿄의 한 종합상사가 굉장히 뛰어난 금도금 기술을 가지고 있다는 정보를 입수했다.

불구 도금에 경악하다

서둘러 찾아갔다. 분명 나무랄 데 없이 훌륭한 금도금이었다.

"어디에서 사용하나요?"라고 흥분해서 물어봤더니, "기업 비밀이라 말씀드리기 곤란합니다" 하고 상대는 매정하게 손사래를 친다.

'공장도 보여줄 수 없는 물품은 아무리 좋아도 절대 사지 않는 주의'라고 말하며 자리에서 일어나려 하자 "쓰읍, 어쩔 수 없네요"라며 마지못해 알려준다고 한다.

"도대체 도쿄 어디에 공장이 있나요?"

"도쿄가 아닙니다. 교토에 있습니다. 호리바 사장님의 고

향 말이지요."

교토에 금도금을 이렇게 훌륭하게 할 수 있는 회사가 있었다니, 등잔 밑이 어둡다는 말이 딱 맞는구나 싶었다. 그런데 정말 놀란 것은 그때부터였다.

공장을 방문하던 날이다. 교토 역에서 종합상사 담당자와 만나 "저기 앞에서 좌회전, 다음 신호에서 우회전"이라고 말하는 대로 차를 몰았더니, 아니 호리바 제작소가 있는 쪽으로 가는 것이 아닌가. 결국 도착해서 멈춘 곳이 우리 회사 바로 옆의 작은 공장이었다.

"도착했습니다."

그곳은 불상 앞에 놓는 여러 종류의 불구佛具를 도금하는 공장이었다. 분명 불단을 장식하는 데는 금도금을 적지 않게 사용한다. 그렇지만 분석기와 같은 광학적인 도금과 불단 도금은 사정이 다르다고 멋대로 생각해 불구 도금은 전혀 생각해본 적이 없었다.

실제로 그 불구 제작 공장의 생산관리 수준은 만족스럽지 않았다. 맹독성이 있는 도금액을 사람이 직접 핥아서 상태를 확인하기까지 했다. 그렇지만 물건은 확실했다. 생산관리를 우리 회사 규정에 맞게 지도했더니 이상적인 금도금 제품을 기쁜 마음으로 손에 넣을 수가 있었다.

온 세상을 다 돌아다녀도 찾지 못했던 기술이 설마 이렇게 가까운 곳에 있을 줄이야. 그렇지만 일부러 외국까지 건너가 손해를 봤다고 생각하지는 않는다. 그렇게까지 열성적 찾아다녔기 때문에 마지막에 '파랑새'를 발견할 수 있었다고 믿는다.

효과적인 '산산 연계'

일본에는 의외의 장소에 뜻밖의 기술이 많이 숨어있다. 그렇기 때문에 그것들을 잘 엮으면 굉장한 물건을 만들어낼 수 있다. 흔히 산학 연계라고 하지만, 나는 산학 연계보다 산산産産 연계, 즉 산업체와 산업체 간의 연계가 더 유용하다고 생각하고 있다.

물론 유능한 대학교수도 많다. 하지만 한편으로는 학회지만 보느라 민간 기업의 기술 동향에는 둔한 교수도 적지 않다. '대학이 민간보다 연구 수준이 높다'는 확고한 신념을 가지고 있는 교수일수록 결과가 나쁘다.

이전에 "최첨단 연구 결과가 머지않아 완성된다. 당신 회사에 싸게 양도하겠다"고 자신만만하게 말하던 대학교수가 있었다. 그런데 그 기술 내용을 듣고 나는 슬펐다.

"교수님, 그 기술은 이미 3년 전에 승부가 난 겁니다."

그렇게 알려줬더니 "거짓말이죠?"라며 따져 물었다. 그래서 우리 공장 현장을 보여주었다. 그러자 교수는 "이렇게 최첨단 연구를 하고 계셨군요"라며 눈을 동그랗게 떴다. 제대로 좀 하세요. 교수님…….

대학 수는 제한적이지만 기업 수는 밤하늘의 별만큼이나 무수히 많다. 따라서 산산 연계를 추진하기 위해서는 정보를 끌어모을 수 있는 능력이 반드시 필요하다.

정보 수집 능력이 뛰어난 사람은 항상 눈과 귀를 열고 있어서 감도가 높을 수밖에 없다. 신문을 보거나 라디오를 듣거나 강연회에 참석했을 때 새로운 것을 접하면 순간적으로 '어쩌면 이것은 우리 연구와 관계가 있을지도 모른다'라고 생각한다.

그러고는 가만히 앉아있지 못하고 곧바로 관련 문헌을 주문하거나 정보를 가진 곳과 연결해서 "이 안건은 도대체 어떤 내용인가요?"라고 상세하게 묻는다. 정보를 수집하는 능력은 일에 대한 열정을 뒷받침한다고 생각한다.

우격다짐으로는 안 된다

직원의 눈과 귀가 열리도록 하려면 무엇을 해야 할까? 재미있고 즐겁게 일할 수 있게 해주면 된다. 사람은 재미있다고 느끼는 것에 대해서는 지식욕이 왕성해지기 때문이다. 호감을 느낀 이성에 대해 깊이 알고 싶어지는 것처럼, 마음 깊은 곳에서부터 흥미롭다고 느끼는 일에 대해서는 '이 기술을 활용할 방법이 따로 없을까?'라며 정보를 직접 업데이트 한다.

회사 대표가 아무리 "정보를 더 찾아보라"고 지시해도, 일이 재미없다고 생각하는 직원은 건성건성 인터넷을 검색하는 정도로 일을 끝낼 것이다. 정보를 수집하려는 욕구는 직원의 마음속에서 우러나오는 것이지, 외부에서 우격다짐으로 밀어붙인다고 몸에 익숙해지는 것이 절대 아니다.

내가 근처에서 금도금 기술을 찾아낸 것처럼 회사를 발전시키는 '파랑새'는 의외로 가까이에 있는 경우가 많다. 때로는 회사 내부에 있는 경우까지 있다. 그렇지만 주어진 일을 무덤덤하게 처리해버리는 직원이 많은 회사에서는 '파랑새'의 존재를 무심코 지나치고 있을지 모른다.

정보 수집 능력과 관련해서도 역시 중요한 것은 '즐겁고 재미있게'인 것이다.

전 세계 '호리바리안'
그룹 전체가 노래하다

국내외 호리바 그룹의 사가를 만들었다.
일본인이든 외국인이든 별 차이가 없다.
'우리는 호리바리안'이라는 의식이 중요하다.

1953년에 설립한 호리바 제작소가 2013년에 60주년을 맞이했다. 이를 기념하면 어떨까 해서 만든 것이 '그룹 송', 즉 호리바 제작소의 사가社歌였다.

조이 앤 펀

이전부터 호리바 제작소의 사가는 있었지만 국내 3개사, 해외 34개사로 늘어난 그룹 각 사에는 모두 사가가 없었다.

그러던 차에 항상 호리바 제작소는 '하나의 회사'라고 강조해
온 이상 그룹 차원에서 함께 부를 수 있는 노래가 있어도 좋
겠다고 생각했던 것이다.

해외 법인을 포함한 그룹 노래이기 때문에 역시 세계 공통
의 언어인 영어로 만들어야 한다고 생각했다. 하지만 호리바
제작소 사가를 그대로 영역하는 것은 재미가 없다.

그래서 새롭게 〈조이 앤 펀 Joy & Fun〉이라는 영어 노래를 젊
은 음악가에게 부탁해 작사·작곡했다. 물론 이 노래 제목은
사훈인 '재미있고 즐겁게'에서 온 것이다.

Joy & Fun, Tomorrow's new day

조이 앤 펀(재미있고 즐겁게), 내일은 새로운 날

I'll be there by your side

나는 당신 곁에 있을 거예요

In search of brighter days

더욱 빛나는 날을 찾으면서

We are one, oh cannot be replaced

우리는 하나가 될 테니, 오 누구도 대신할 수 없지요

And Facing each other

그리고 서로 마주보면서

So we're there for the world

그 세상을 위해 거기 존재하는 거지요

나는 꽤 괜찮은 노래라고 자부한다. 일본어 가사는 없다. 일본인 직원도 중국과 한국의 자회사 직원처럼 영어로 부른다.

그런데 잘 생각해보니 사가를 만드는 문화 자체가 일본과 몇몇 국가에만 있고, 해외 기업에서는 거의 찾아보기 힘들다. 외국인 직원은 싫어할 수도 있다고 걱정했는데, 교토에서 열린 60주년 기념식장에서 외국인 임원들이 즐거운 표정으로 노래를 불렀다.

"누가 뭐라 해도 우리는 모두 '호리바리안Horibarian'이니까요."

누구나 '호리바인'

'호리바리안이라니, 대체 뭐야' 싶을 것이다. 〈고지라〉 시리즈나 〈울트라맨〉 시리즈에 나오는 괴수 이름처럼 들릴지 모른다. 하지만 이것은 호리바 그룹에서 일하는 '호리바인堀場人'을 지칭하는 말이다. 약 반세기 전부터 이렇게 부른다.

'호리바 그룹 직원'이라고 하는 것보다 호리바리안이라고 부르는 것이 재미있기도 하고 일체감을 느낄 수 있어서 좋다. 다른 회사에서는 '관계자 이외 출입 금지'라고 쓰지만 우리 회사에서는 '호리바리안 이외 출입 금지'라고 쓴다. 외부인은 무서워서라도 더 이상 안 들어가지 않을까?

물론 외국인 직원도 호리바리안이다. 프랑스 남부에 있는 몽펠리에 시에서 의료용 기기를 생산하는 호리바ABX라는 계열사가 있다. 예전에 교토 지사가 몽펠리에 시가 속해 있는 랑독-루시옹 주와 협력을 위한 선언문에 서명할 때 호리바 공장을 방문했었다.

한 프랑스 직원이 "호리바리안 미셸입니다"라고 지사에게 인사했다. 그리고 다음 사람도 "호리바리안 프랑소와입니다"라고 인사했다. 지사는 상당히 놀란 것 같았다. 그리고 나중에 이런 말을 했다.

"호리바리안이 호리바 직원이라는 것은 알고 있었습니다. 그런데 어떤 교육을 하면 프랑스 사람이 그렇게 말하게 됩니까? 외국인은 회사에 귀속되는 것을 싫어하지 않나요?"

그 프랑스 직원들에게 물어본 것은 아니지만 아마도 우리 회사에서 일하는 것을 그들도 즐거워했던 것이라고 생각한다. 외국인 직원에게 호리바 제작소 사훈이 '조이 앤 펀'이라고 말하면 "그거 정말 신나는데요"라고 말하며 호기심을 보인다. 일본인보다도 더 눈을 반짝이며 듣는다.

설날에도 근무한다

누구라도 남이 시키는 일을 하기보다 자신의 의지대로 일하며 즐기고 싶다는 욕구가 있다고 본다. 호리바 그룹은 그러한 욕구를 존중하고, 1인당 생산성 등은 그다지 중요하게 평가하지 않는다. 다만 "일이 재미없으면 그만두라"고 한다.

이런 점이 자기 주관이 확실한 외국인에게 맞는 것일지도 모르겠다. 사훈 덕분인지 프랑스 회사에는 개성이 강한 직원들이 모여서 일하고 있다. 프랑스 개발자 중 4분의 1인 50명이 박사 학위를 가지고 있다.

그들은 호리바 그룹에서 근무하는 것이 재미있다고 한다.

그래서 "우리가 바로 호리바리안이야"라고 기쁘게 다른 사람에게 말한다. 기쁜 마음으로 그룹의 노래를 부르고 회사 배지도 달고 다닌다. 호리바 그룹에서는 일본인 직원의 회사 배지 착용률이 외국인보다 낮은 것이 사실이다.

프랑스 이외의 나라, 가령 중국의 호리바리안도 즐겁게 일하고 있다. 얼마 전 음력설 직전에 중국 법인에서 만드는 상품의 대량 주문이 들어왔다. 음력설은 중국 최대 명절로 모두가 휴가를 맞아 고향을 찾거나 여행을 가는 것이 일반적이다. 이 시기에 공장을 가동한다는 것은 상식적으로 생각할 수도 없는 일이다.

일본인 현지 직원이 고심하고 있던 때 중국인 직원들이 모여 "좋습니다. 생산 라인을 가동시킵시다"라고 자청했다. 시키는 일을 한다고 느꼈다면 절대 이렇게 행동할 수는 없었을 것이다.

누가 특별히 잘난 것이 아니라 호리바 그룹에 근무하는 사람은 모두 똑같은 호리바리안이라는 생각, 이런 '세계시민' 의식을 만들어내는 것이 '재미있고 즐겁게'의 경영 사상이다.

해설

훗포 마사토, 《닛케이 톱 리더》 부편집장

호리바 제작소는 계측기와 분석기 분야의 세계적인 기업이다. 특히 자동차 배기가스 측정 장치는 압도적인 시장점유율을 자랑한다. 연구 개발 능력은 업계에서 한 수 위라고 인정받고 있지만, 주로 생산하는 제품이 공업용이라 화려함과는 거리가 있다. 그러나 수수한 제품과는 달리 경영 기법은 남다른 것이 적지 않다. 그것을 상징적으로 보여주는 사례가 바로 '재미있고 즐겁게'라는 사훈이다.

사훈을 만든 것은 1978년이다. 아직 토요일 오전 근무를 하던 기업이 많았고, 노동조합은 완전한 주 5일 근무를 관철시키려고 기를 쓰던 시대였다. 인간다운 생활을 하기 위해 노동 부담을 줄여야 한다고 모두가 주장하던 때에 호리바 고문은 "일이란 원래 즐거운 것이다. 직원이 즐거우면 즐거울수록 회사는 성장한다"라는 가치관을 내세웠기 때문에 시류와는 정면으로 대립할 수밖에 없었다.

늘 순종으로 일관하던 예스맨 임원들이 빠짐없이 반대의 깃발을 들어올렸다는 일화에서도 알 수 있듯이, 당시의 가치관과 '재미있고 즐겁게'는 매우 동떨어진 개념이었다.

지금이야 '일을 즐긴다'는 말에 위화감을 느끼는 사람이 적겠지만, 예전에는 그렇지 않았다. 그렇다면 언제부터 일본에서 일을 즐긴다는 생각이 싹트기 시작했을까? 대략 2000년쯤부터인 것 같다.

2000년을 앞두고 야마이치 증권과 일본장기신용은행 등이 도산 위기에 빠지면서 이른바 '금융 위기'가 시작되었다. 기업들은 일제히 저조한 실적을 기록했다. 일본 경제는 본격적인 전환점을 맞이하고 있었고, 동시에 경영 관리 측면에서도 변화가 감지되었다.

이제 연공서열의 인사 체계로는 안 된다는 기운이 고조되었다. 조직에도 경쟁 원리를 적용해야 활력을 되찾을 수 있다고 생각하는 경영자는 대부분 성과주의를 도입했다. 그러나 눈앞에 당근을 제시하는 식으로 보상만을 강조하는 경영 관리 기법은 오래지 않아 벽에 부딪힌다.

직원이 능력을 최대한 발휘할 수 있도록 하려면 당근이 아니라 내재되어 있는 에너지에 불을 붙여야 한다고 경영자들이 생각하기 시작했다. 직원들도 마차를 끄는 말처럼 일하는 방식에 넌더리가 나, 보다 인간적인 방법으로 일하고 싶다고 생각하게 되었다. 어떻게 하면 직원들이 즐겁게 일할 수 있을까? 그것이 가능한 시스템을 구축하는 것이 경영자의 임무이며 경영 관리의 본질이 아닐까?

그것은 바로 30여 년 전부터 호리바 고문이 주장해온 '재미있고 즐겁게'라는 경영 방식이다. 이제야 비로소 시대 변화가 호리바 고문을 따라붙은 것이다.

지금은 '재미있게 일하는 회사'가 목표인 경영자가 많다.

일례로 가나가와 현 가마쿠라 시에 본사를 두고 있는 인터넷 관련 기업 '재미있는 법인 Kayac 面白法人カヤック'을 들 수 있

다. 회사 이름에서도 알 수 있듯이 여러 참신한 인사 제도를 고안해서 직원들이 재미있게 일하도록 적극 추진하고 있다. 이 회사의 야나기자와 대표이사는 1998년 창업 당시 주위로부터 "재미있게 일을 한다고? 그런 말도 안 되는 생각으로는 회사를 꾸려나갈 수 없네" 같은 말을 자주 들었다고 한다. 이러한 주위의 반응은 호리바 고문이 1978년 '재미있고 즐겁게'라는 사훈을 제시했을 때와 너무 똑같아서 매우 흥미롭다.

물론 호리바 제작소는 1971년에 주식시장에 상장했다. 그리고 1992년에는 호리바 고문이 《니혼게이자이》 신문의 〈나의 이력서〉란에 등장하는 등 호리바 제작소라는 회사와 '호리바 마사오'라는 경영자는 이전부터 높은 평가를 받았다.

그러나 '재미있고 즐겁게'라는 사훈을 내건 그 경영 기법에 대해서는 "유별난데다 범용성도 낮아요"라고 보는 견해가 지배적이었다. 이런 평판에도 한 치의 흔들림 없이 몇 십 년 동안이나 자신의 신념을 내세워 결국 당당하게 우뚝 선 호리바 고문의 배짱에 감동할 따름이다.

자신의 경영 방식에 대한 호리바 고문의 남다른 자신감은 어디서 오는 것일까? 아마도 사리를 앞세워 밀고 나가는 경영 방식을 깊이 파고들었기 때문일 것이다. 호리바 고문의 부친은 화학자였고, 고문 자신은 원래 물리학자가 목표였던 만큼 경영에서도 원리 원칙을 따지고 밝히는 데 일가견이 있다. "회사란 자본과 경영과 노동 등 세 가지 요소로 구성된다"는 말을 고문이 자주 하는 것도 그 때문이다.

자본과 경영, 노동 등 어느 한쪽으로 힘이 기울어져서는 안 된다. 각각의 주체가 자신의 역할을 다하고, 공평하게 이익을 누림으로써 비로소 회사는 발전한다고 강조한다. 이것이 자본주의의 원리임에도 불구하고, 이 당연한 것을 경영에 접목시키지 못하는 사람이 적지 않다.

이런 생각을 가진 호리바 고문에게 그래서 블랙기업은 절대 용서할 수 없는 존재다. 노동력을 착취하는 경영 방식은 전근대적 발상으로 자본과 경영, 노동의 삼권분립 개념에서 크게 벗어나는 것이기 때문이다.

"노동력을 착취해 이익을 내는 일은 있어서는 안 된다."

블랙기업에 대한 의견을 묻자, 온화하고 마음씨 좋은 할아버지의 표정이 바뀌었다. 그 말에는 등골이 오싹해질 정도의 화난 기색이 배어있었다.

'재미있고 즐겁게'를 추구하는 경영은 블랙기업과 상반되지만 안이한 직원지상주의와도 다르다. 직원을 위해 경영자가 희생해가며 일을 하는 것이 아니라 경영자도 직원도 모두 행복한 것을 전제로 하고 있다.

이렇듯 합리적인 경영 철학은 해외에서도 널리 받아들여지고 있다. 약 1400억 엔에 달하는 호리바 제작소의 매출액(연결결산 기준) 중 일본에서의 매출액은 약 35퍼센트에 불과하다. 일본을 제외한 아시아에서 23퍼센트, 미국에서 18퍼센트, 유럽에서 24퍼센트를 벌어들이고 있다(모두 2013년 12월 결산 기준). 이런 호리바 그룹의 직원 중에는 외국인이 과반수를 차지하고 있으며, 이들 사이에서 '재미있고 즐겁게'는 '조이 앤 펀'으로 통하며 적극적인 지지를 받고 있다.

일본식 경영 방식이 가진 특수성과 후진성이 도마에 오르는 경우가 많지만, 실제로는 그렇게까지 망가지지는 않았다. 적어도 '조이 앤 펀'은 말 그대로 국제 표준이 되어가고 있다.

2장

'재미있고 즐겁게' 방법론

_직원 편

월급은 하늘에서 떨어지지 않는다는 것을
직원에게 분명히 납득시킨다

노동시간에 맞춰 급여를 지불하던 시대는
서서히 막을 내리고 있다.
직원에게 요구할 것은 노동시간이 아니라 부가가치다.
부가가치가 급여의 원천임을 직원이 납득하면 일하는 방법도 바뀐다.

호리바 제작소가 완전한 주 5일 근무를 시작한 것은 1973년
으로, 다른 회사에 비해 꽤 빨랐다. 주 5일 근무를 실시한 뒤
직원들이 충분히 휴식을 취하고 기운을 되찾으면 업무에도
좋은 영향을 끼친다는 것을 경험을 통해 잘 알 수 있었다. 그
래서 이번에는 주 4일 근무를 검토했다.

어떻게 하면 생산성을 떨어트리지 않고 주 4일 근무를 실
현할 수 있을까? 마지막에 생각해낸 방법이 시가 현 공장 옆
에 기숙사를 지어 통근 시간을 없애는 것이었다.

주 4일 근무

도쿄 정도는 아니지만 교토에서도 직장인들이 출퇴근을 위해 전철이나 버스, 자가용을 장시간 타고 다닌다. 호리바 제작소 직원의 경우는 왕복 통근 시간이 대략 3시간가량이다. 회사에서 8시간 근무하기 위해 3시간이나 버리고 있는 것이다. 생각해보면 말도 안 되는 일이다.

연간 근무 일수가 250일이라면 750시간이나 길에서 낭비하는 셈이다. 뭐라도 하나 배울 수 있을 만한 시간이다. 외국어도 750시간 공부하면 일상 회화 정도는 어렵지 않게 할 수 있게 된다. 1년에 하나씩, 40년간 근무하면 40개의 아이템을 습득할 수 있는 시간을 버리고 있는 것이다.

그래서 직장과 주거지가 가까워야 한다고 생각했다. 공장 옆 기숙사에 살면 통근 시간을 크게 단축시킬 수 있다. 그 대신 하루 근무시간을 8시간에서 10시간으로 늘렸다. 통근에 쓰는 에너지를 일에 쓰는 것으로 전환하는 것뿐이니까 노동의 강도가 올라가는 것은 아니다. 일주일 근무시간은 '1일 10시간 4일' 즉 40시간으로 하루에 8시간씩 5일간 근무하는 것과 전혀 다르지 않다. 이렇게 하면 주 4일 근무가 가능하다고 생각했다.

　가족이 있는 직원은 목요일 저녁 일을 마치고 귀가하면 금, 토, 일 3일 연휴를 여유롭게 가족과 함께 지낼 수 있다. 직원들 중에는 가족에게 3일 동안이나 서비스를 하고 싶지 않다고 생각하는 사람이 있을지도 모른다. 그래서 '주 1일 회사'라는 아이디어가 번쩍 떠올랐다. 개발 부서에서 근무하는 직원은 영업을, 영업 직원은 설계나 검수와 관련된 일을 하는 등 평상시와는 다른 업무를 해봄으로써 '매주 하루, 그러니까 금요일만 활동하는 회사'를 설정하는 것이다. 여러 직종을 경험해볼 수 있기 때문에 시야가 넓어질 뿐 아니라 매달 10만 엔 정도의 용돈도 들어온다. 물론 이렇게 하면 주당 근무시간이 40시간을 초과하기 때문에 금요일에 일을 할 것인지 말 것인지는 전적으로 직원이 결정한다.

일은 고통스럽지 않다

　헌데 노동국에서 이 아이디어에 간섭하기 시작했다.

　"노동시간은 하루 8시간, 주 40시간까지입니다. 근로기준

법에 그렇게 정해져있습니다. 시간 외 근무를 전제로 한 근무 체계는 인정할 수 없습니다."

호리바 그룹과 후생노동성, 노동국과는 정말 궁합이 맞지 않는다. 그들은 "일은 힘들기 때문에 가능하면 노동시간을 줄이는 것이 노동자에게 행복한 일이다. 그래서 노동국은 기업이 '일일 8시간, 주당 40시간'이라는 근로시간을 지키고 있는지 확인하는 것이다." 이렇게 생각한다. 그렇지만 내가 생각하기에는 그렇게까지 시간에 구애받는 것이 이상하다. 노동과 관련된 연구회에 초대받아 갔을 때 나는 강한 어조로 이렇게 말했다.

"《여공애사女工哀史》* 시대라면 모를까, 현대사회에서는 노동시간과 노동이 만들어내는 부가가치가 비례하지 않습니다. 사회가 고도화될수록 이러한 경향은 더욱 강해집니다."

이렇게 말했음에도 불구하고 연구회 멤버들의 이해를 이끌어내지 못했다. "일이 재미있고 즐겁다고요? 호리바 사장님네 회사는 계측기를 만들지요? 그렇다면 일이 재미있는지

---

* 호소이 와기조가 1925년에 발표한 작품이다. 가혹한 노동, 빈곤과 학대에 고통받는 방적 · 직물업 종사 여성 노동자의 실태를 그려 사회에 충격을 주었다. _옮긴이 주

를 알 수 있는 계측기를 한번 만들어보시죠"라고 비아냥거리는 말을 들어야 했다. 그 후로 다시는 그 연구회로부터 연락을 받지 못했다.

요즘 정부가 '잔업 근절 법안'을 검토한다는 말에 "장시간 노동이 늘어난다"며 비판하는 사람들이 있다. 이것도 내가 보기에는 뭔가 착각하고 있는 듯하다. 물론 노동자가 혹사당하는 상황은 피해야 마땅하지만, 이미 잔업이라는 개념 자체가 실태와 맞지 않는다고 본다.

회사가 직원에게 요구하는 것은 노동시간이 아니라 높은 수준의 창의적인 업무다. 그것은 잔업을 하면 나오는 것이 결코 아니다. 직원이 즐기고 보람을 느끼면서 일해야 비로소 실현할 수 있는 것이다. 일이 고통스러운 것이라는 견해에서 벗어나지 못하는 기업이 있다면 머지않아 모두 붕괴할 것이다.

총급여가 보인다

물론 호리바 제작소는 관련 법률에 근거하여 잔업수당을 직원에게 지불하고 있다. 그렇지만 우리 직원들은 눈앞의 잔업수당에 그다지 신경을 쓰지 않는 듯하다. 왜냐하면 그들이 월급을 받는 구조를 이해하고 있기 때문이다.

1974년, 우리는 노동분배율을 부가가치의 60퍼센트 이상으로 설정했다. 경영자가 바라는 것은 직원이 만들어내는 부가가치이며, 그 부가가치의 60퍼센트 이상을 월급으로 분배하겠다고 분명히 약속했다. 총액이 정해져 있기 때문에 직원이 자신의 몫을 늘리겠다고 생각하면, 가능한 한 적은 인원으로 생산성을 높이면 된다.

그러니 직원들에게도 잔업수당이 오르기를 희망하는 것보다 생산성을 높이는 것이 급료가 훨씬 빨리 올라가는 길이다. 극단적으로 말하면, 한 사람이 회사의 모든 일을 하면 부가가치의 60퍼센트가 통째로 자신의 보수가 된다. 떡 하나를 한 사람이 먹을지, 다섯 명이 나눠 먹을지 묻는 문제와 다를 바 없는, 초등학교 수준의 간단한 계산이다.

실제로 이러한 규정을 도입했더니 그때까지 '사람이 부족하다'고 아우성치던 현장이 조용해졌다.

"팀원을 충원해야 하지 않습니까?"

"아닙니다. 지금 인원으로 어떻게든 열심히 해보겠습니다."

이 대화처럼 놀랄 정도로 빠른 변화를 보였다.

월급이 하늘에서 떨어지는 비와 같다고 생각하는 직원이 적지 않을 것이다. 부디 경영자는 '당신들이 만들어내는 부가가치가 월급의 원천'이라는 사실을 직원들에게 알려줬으면 좋겠다. 그리고 어떤 방식으로 총급여가 정해지는지를, 즉 급여와 관련된 전체적인 구도를 보여주어야 한다.

그다음으로 직원들에게 재무 정보를 공개한다. 호리바 제작소는 직원에게 회사 상황을 시시각각 알리고 있다. 나를 포함한 임원의 월급도 모두 공개한다. 직원 중에는 '너무 많이 받는 거 아니냐'고 불만을 가지는 사람이 있을지 모른다. 하지만 알리지 않고 숨겨서 '우리 사장이 혹시 어마어마한 금액을 월급으로 가져가는 것은 아닌지' 쓸데없는 의심을 하는 것보다 낫다. 이 경우가 오히려 직원들은 더 즐겁지 않다.

노동의 질적 변화에 맞춰 새롭게 경영하지 않으면 직원은 재미있고 즐겁게 일할 수 없다.

부정적 평가를 없애면
직원은 도전적인 사람이 된다

불공평한 인사고과만큼 직원의 의욕을 떨어뜨리는 것은 없다.
평가에 대한 불만을 줄이려면 실패와 결점을 안 보는 것이 제일 좋다.
이렇게 하면 직원은 하루가 다르게 성장하고
회사도 이익을 낼 수 있다.

매일 우리 직원이 재미있고 즐겁게 일을 했으면 좋겠다고 생각하고 있다. 그러다 한번은 정반대로 생각해봤다.

'직원이 가장 재미없다고 생각하는 것은 무엇일까?'

그런 것은 사람에 따라 조금씩 다르고, 사람 수만큼 다양하리라. 하지만 가장 중요한 것은 역시 인사고과 문제가 아닐까 생각한다. 중소기업의 경우는 대기업에 비해 급여 수준이 낮지만, 실제 금액 자체는 그다지 문제가 되지 않는다. 오히려 '저 사람은 나보다 능력이 떨어지는데 어째서 월급을 더 받는 거지?' 같은 생각이 드는 순간 일에 대한 흥미가 사라진다.

이처럼 공정하지 않다고 느끼게 하는 원인은 부정적 평가에 있다고 나는 생각한다.

실패를 거침없이 말한다

기업은 모두 행동력 있는 인재를 원한다. 그럼에도 불구하고 정작 평가를 해야 할 때가 되면 관리직 상사는 부하의 결점만을 보기 쉽다.

나는 사장으로 재임할 적에 자주 직원과 함께 고객사를 둘러보았다. 그때 '이 친구 일 잘하는데'라고 기특하게 생각했던 직원이 나중에 남보다 먼저 관리직에 올라가느냐 하면 꼭 그렇지는 않다.

직원의 상사에게 "이 직원은 나도 잘 알고, 일을 잘하던데 왜 승진을 못하지?"라고 물으면 "실은 그 직원은 이런 일이 있었는데요"라며 끊임없이 실패담을 늘어놓는다. 정말 청산유수처럼 술술 말을 한다.

"얼마 전에 큰 거래를 성사시켰잖소?"라고 지적해도 "그 일은 운도 따랐고, 그럴 만한 일이었습니다"라고 얼버무리면서, 다시 다른 실패담을 늘어놓기 시작한다. 이런 관리직 상사가 부하를 망가뜨린다.

예전에는 이런 일도 있었다. 일은 잘하는데 일정 확인을 잘 못하는 직원이 있었다. 그 직원하고 같이 이동할 때면 자동차를 준비해놓지 않거나, 변경 전 시간표를 보고 역에서 장시간 기다리게 하는 일들이 많았다. 그래서 회사로 돌아와 우스갯소리로 "저 친구 정말 바보 아니야?"라고 한 적이 있다.

그리고 그것으로 끝난 줄 알았다. 그런데 몇 년 후 인사평가를 할 때 그 직원이 동료 직원보다 과장 승진이 늦어지고 있는 것을 발견했다. "일을 잘하는데 왜 그러냐"고 묻자 "저 친구 문제아입니다. 사장님께서도 바보 같다고 말씀하신 직원입니다"라는 대답이 돌아왔다.

물론 나는 그런 의미로 한 이야기가 아니었다. 일은 확실하게 잘하는데 일의 채비를 좀 못하는 것뿐이라 우스갯소리로 한 이야기였다. 그런데 거기에 있었던 사람은 농담으로 받아들이지 않았던 것이다. 게다가 그 꼬리표가 계속 따라다닌다.

다른 사람의 긍정적인 면과 부정적인 면 중 부정적인 것이 훨씬 더 강하다. 아마도 이것은 인간의 본성이 아닐까 싶다. 내 아내 역시 나에 대해 부정적인 것만 기억하고 있다. 지금까지 좋은 일도 많이 했다고 생각했는데 "기억하지 못하는 것이 당연하지 않나요?"라고 되물을 정도로 전혀 기억하지 못한다. 그러면서도 내가 "왜 이렇게 바보 같은 일을 했소?"라며 잔소리했던 일은 몇 십 년 전 것이라도 어제 일처럼 잘 기억하고 있다.

긍정적 평가가 오히려 타산적이다

그래서 호리바 제작소에서는 내가 회장으로 있을 때 업무상 실수나 능력상 결점 등 직원의 부족한 점을 평가하도록 한 항목을 모두 없앴다. 대신 어떤 새로운 아이디어를 냈는지, 얼마나 적극적으로 행동했는지 같은 긍정적 평가만을 적도록 했다.

직원들은 각각 갖고 있는 소질과 장점이 다르다. 회사는 직원의 장점을 분명히 파악하고, 직원은 그 장점을 맘껏 살린다. 이렇게 하면 직원 본인도 힘을 낼 수 있고, 회사 역시 이익을 얻는다. 뿐만 아니라 인사고과에 대한 불평불만도 없어진다.

'직원의 회사원 인생을 생각해서'처럼 고매한 정신에 따라 하는 말이 아니다. 실패와 결점에 사로잡혀 그 직원의 재능을 제대로 알아보지 못하는 것이 회사로서는 아까울 뿐이다. 좀 거친 표현이지만 직원의 이용 가치를 높일 수 있다는, 극히 타산적인 생각에서 하는 말이다.

그런데 부정적 평가란을 없애도 비어있는 곳에 부하 직원의 실패담을 잔뜩 적어오는 상사가 있다. 그러면서 "이것만은 꼭 말씀드려야 할 것 같아서"라고 덧붙인다. 꼭 그렇게까지 부하 직원을 부정적으로 평가해야 할까 싶다.

실패는 엄하게 꾸짖는다

혹시나 착각할 것 같아 말하는데, 부정적 평가를 하지 않는다고 해서 실패를 방치하는 것은 아니다. 부하가 실패하면 엄하게 야단친다. 뭐든지 너그럽게 보는 것은 결코 아니다.

꾸짖지 않으면 사람은 같은 실패를 반복한다. 그래서 나도

"두 번 다시 그러면 용서하지 않겠다"라고 강하게 나무란다. 단, 평가에는 반영하지 않는다. 그렇게 함으로써 직원은 긴장감을 가지고 새로운 일에 도전할 수 있다.

대기업에서는 도전을 좋아하는 사람보다 뭐든지 무난하게 처리하는 사람이 승진하는 경우가 많은 것 같다. "저 친구는 아무것도 안 하려 한다"는 말을 듣는 사람이 사장이 되고, 이리저리 날뛰며 돌아다닌 사람은 자회사로 발령난다. 그렇지만 지금과 같은 시대에는 긍정적인 평가가 중요하다. 언뜻 보기에는 못할 것 같은 일도 모두 힘을 합치면 의외로 간단히 돌파할 수 있다.

긍정 평가를 하면 직원의 마음가짐이 달라진다. 우리 회사도 인사 시스템을 바꾸었더니 사내 분위기가 한층 더 밝아지고 전향적으로 바뀌었다. 이런 도전적인 조직만큼 강한 것은 없다.

재떨이도 던지고 의자도 던졌다
애정이 있으면 직원을 꾸짖어라

더 자유롭게 일할 수 있도록 한다고 반드시 재미있게 일을 하는 것은 아니다.
나무라는 것은 애정의 반증이다.
그러면 직원의 일하는 방법도 달라진다.
흥이 나지 않는 조직에서 일에 대한 만족감이 높을 리가 없다.

좀 지난 일이다. 하루는 회사에 도착했더니 현관 로비에 건들거리는 직원이 있었다.

"자네, 좀 똑바로 서서 다녀!"라고 큰소리로 야단을 쳤다. 그랬더니 뒤에서 안내하던 여직원이 내 옷을 슬슬 잡아당기는 게 아닌가.

"……고, 고객이십니다."

정말 오랜만에 당황했다. 분명 우리 직원의 얼굴이라고 생각했다. 어리둥절한 표정을 짓던 그 사람에게 "정말 죄송합니다"라고 몇 번이고 머리를 숙이고, 황급히 엘리베이터에 탔다.

또 다른 날, 로비에 있던 고객에게 "안녕하세요"라고 인사하며 가까이 갔더니, 이번에는 안내 데스크 여직원이 "어, 우리 회사 직원입니다"라고 말한다. 회사에 직원이 100명 정도였을 때는 직원은 물론 그 부인과 자녀의 얼굴도 기억했는데, 직원이 늘어나니까 제대로 하는 것이 없다.

꾸짖는 것은 사장의 의무

내가 사장이었을 때는 직원들에게 자주 화를 냈다. 손에 잡히는 대로 마구 내던졌다. 화가 나서 던진 유리로 된 재떨이가 벽에 부딪혀 산산조각이 난 적도 있다. 우리 회사의 재떨이가 모두 가벼운 알루마이트 재질로 바뀐 것도 그때부터다.

언젠가는 개발 회의 도중에 직원이 장황하게 '왜 할 수 없는지'에 대해서만 계속 설명하는 것을 보고, 너무 화가 나서 옆에 있던 파이프로 된 의자를 내던졌다. 그때부터 점점 내 옆에 있던 물건들이 사라져갔다. 차를 내오더라도 내가 다 마시면 바로 치워버린다.

그렇지만 잘못한 직원을 꾸짖는 것은 사장과 상사의 의무라고 생각한다. 요즘은 너무 꾸짖지 않는 사람이 많아서 걱정이다.

특히 내가 문제 삼는 것은 그 직원 입장에서 당연히 해야 할 일을 하지 않는 경우다. 책임과 의무를 이행하지 않는 것은 문제다. 그런 경우에는 내 방에서 일대일로 야단친다.

꾸짖기 전에 반드시 1~2시간 동안 어느 정도로 야단을 칠 것인지, 어떤 사례를 들면 이해할지 열심히 생각한다. 너무 과하게 야단치면 위축될 것이고, 대충 꾸짖으면 본인을 위해 좋지 않기 때문에 진지하게 고민할 수밖에 없다.

꾸짖는 시간은 기껏해야 5분이다. 꾸짖고 나서도 너무 과하게 했나, 아니면 더 강하게 말을 했어야 알아들었을까, 1시간 정도 꼭 반성을 한다.

5분 동안 꾸짖기 위해 2~3시간을 소비하기 때문에 정말 많은 에너지가 필요하다. 반면 칭찬은 비교가 안 될 정도로 훨씬 더 간편하다. 어떻게 칭찬할지 1시간씩 고민하는 일도 없다. "이번 일의 성과는 자네 덕분이다. 고맙다." 이 한마디로 끝난다.

꾸짖지 않는 것은 포기했을 때

꾸짖는 행위는 쉽지도 않고, 결코 기분 좋은 일도 아니다. 그렇기 때문에 사실은 그렇게 하고 싶지 않다. 그런데도 꾸짖는 것은 그것이 그 사람에 대한 교육이고, 기대이고, 애정이기 때문이다. '이런 식으로 하고 있으면 이 사람은 성장하지 못한다'고 생각한 이상 꾸짖지 않고 방치하는 것은 그 사람에 대한 애정이 없다는 증거 아닌가?

그래서 직원을 꾸짖은 뒤 마지막에 이런 말을 자주 한다.

"자네가 제대로 된 직원이 되기를 바라니까 엄하게 하는 거야. 꾸짖지 않게 됐을 때는 자네를 포기했을 때다."

이것은 분명한 사실이다. 이제 가망이 없다고 생각하면 뭐를 하든 꾸짖지 않는다. 이런 것은 확실하게 선을 긋고 행동한다.

그러니까 결과적으로 임원이 된 직원일수록 나한테 혼이 난 횟수가 많다. 임원과 술을 마실 때면 항상 나한테 어떻게 혼이 났었는지에 대한 이야기로 분위기가 고조된다.

직원들도 혼나고 싶지 않다고 생각할 것 같지만, 꼭 그렇지만은 않다. 우리 회사에서는 매달 생일 파티를 한다. 부장과 과장은 오지 않고, 임원과 직원만이 참석하기 때문에 직원들의 본심을 들을 수 있는 좋은 기회가 된다. 그 자리에서 이전에 직원과 이런 대화를 나눈 적이 있다.

이번에는 눈 감아주겠다

"자네 요즘 상사한테 혼난 적 있나?"

"없습니다."

"혼날 일이 없을 정도로 일을 잘하나보지."

"아니요, 종종 실수를 합니다."

"실수해도 자네 상사는 꾸짖지 않나?"

"숫제 남을 꾸짖는 것을 본 적이 없습니다. 그래도 실수하면 화를 냈으면 좋겠는데요. 제가 어느 정도의 실수를 저질렀는지도 모르겠고, 혼도 나지 않고 인사고과만 감점되면, 그건 좀 곤란할 것 같습니다."

보통 꾸짖을 때 종종 "다음에 또 같은 일을 반복하면 용서 못한다"고 말한다. '다음에 또 하면 용서 안 한다'는 것은 '이번에는 눈감아준다'는 뜻이 된다. 이 부분을 분명하게 해주면 실패한 직원도 후련한 기분이 들 것이다.

그리고 '혼나지 않으면 일이 재미있다'는 뜻은 아니다. 혼나고 있는 순간은 누구나 싫겠지만, 그것을 계기로 한 단계 위의 책임 있는 일을 할 수 있게 되면 기쁘다. 누구도 꾸짖지 않는 정체된 조직은 재미가 없다.

회사는 사회의 축소판이다. 요즘에는 다른 사람을 꾸짖어서 거꾸로 불만을 듣는 것이 싫으니까 그냥 내버려 두자고 생각하는 사람이 많다. 학생을 야단치면 부모가 민원을 제기한다고 하니, 사회 전체가 흥이 나지 않는 것 같다.

그렇지만 적어도 자신의 집안사람들, 회사로 치면 사장은 직원을 꾸짖었으면 좋겠다. 단, 야단치는 것이 취미가 돼서는 안 된다. 자신의 울분을 풀기 위해서 화를 내면 직원도 성장하지 못하고 회사도 아무런 이익을 얻을 수 없기 때문에 즉각 멈춰야 한다.

그렇지 않고 직원에 대한 애정을 담아 꾸짖는다면 틀림없이 사장의 진심이 전해진다.

직원들의 대량 퇴직 임박!
불만의 원인은 '직함'과 '명함'

직원의 불평불만을 신중하게 해소하면 이직률은 낮아진다.
단, 이따금 사장이 예상조차
하지 못한 일로 직원은 화가 난다.
오래전 호리바 제작소도 그런 일로 큰 낭패를 본 적이 있다.

경영자가 정나미 떨어지는 상사가 되지 않으려면 직원들의 불평불만을 진지하게 듣고 해결해야 한다. 특히 중소기업은 처우 측면에서 대기업을 따라가기 어렵기 때문에 각별히 신경써야 한다. 실제 호리바 제작소에서도 예전에 직원들이 대량 퇴직 직전까지 갔었던 위기 상황이 있었다.

직위도 없고, 명함도 없다

그 일은 회사를 설립한 지 5년이 지난 뒤 일어났다.

당시, 즉 1950년대 초에서 1960년대 중반까지는 한국전쟁이 끝나고 일본 경제 전체에 활기가 넘쳐나던 시기였다. 우리 회사도 그 분위기에 휩싸여 열심히 대기업에 버금가는 월급을 직원에게 지급했다.

그런데 갑자기 어느 순간부터 직장의 공기가 싸늘해지는 것을 느꼈다. 아침에 출근해서 "좋은 아침, 모두들 잘 지냈습니까?"라고 직원들에게 인사해도, 뭔가 좋지 않은 분위기가 가시지 않았다. 건성으로 인사에 대한 반응은 보이지만 내키지 않아 마지못해 하는 것 같았다.

'이상한데. 이건 분명 뭔가 있어.'

그래서 한 직원을 붙들고 물어보니, 원인은 '직함'이었다.

학교를 졸업하고 몇 년 지나면 대부분 동창회를 하는데, 그 자리에서 우리 회사 직원들은 경악할 만한 사실을 알게 되었다. 동기들은 모두 계장 혹은 주임연구원으로 승진했고, 그중에는 박사 학위를 취득한 친구도 있었다고 한다.

그에 반해 당시 호리바 제작소에는 조직이라고 할 만한 것도 없고, 직원 누구 한 사람에게도 직함을 부여하지 않았다. 더욱 치명적인 것은 명함조차 없었다. 연구직밖에 없었기 때문에 영업을 하러 돌아다니며 사람 만날 일도 없을 테니까 명함 같은 것은 없어도 된다고 생각했기 때문이다.

대학 동기와의 격차. 이 화제가 내가 없는 곳에서 줄곧 도마에 올랐다고 한다.

"대학 동기들이 이미 과장, 차장이라 엄청 충격받았어."

"우리 회사는 명함도 없잖아. 나도 동창회에서 숨고 싶었다니까."

이렇게 직장 분위기가 급속히 나빠져 직원들이 나에게 차가운 시선을 보낸 것이다.

역시 직함은 있어야지

직함 때문에 불만을 사다니, 전혀 예상치 못했던 부분에서 완전히 허를 찔렸다. 오히려 나는 직함을 중시하는 대기업을 무시했었고 직원들에게도 늘 이런 말을 해왔다.

"대기업 부장, 과장 들 이름만 가지고 잘난 척하지만 얼마나 일을 잘하는지 알 수 없으니 눈곱만큼도 도움 안 돼. 중요한 것은 능력이야. 직함으로 일할 수 있겠어?"

직원들도 고개를 끄덕이며 수긍하는 듯 듣고 있었다.

직원 중에는 교토 대학 출신도 적지 않았다. "대기업에 가면 처음 3년은 비켜 닦다가 그냥 지나간다. 우리 회사에 오면 입사한 날부터 큰 프로젝트를 맡긴다"는 나의 말을 듣고 눈을 번쩍이며 입사해준 직원들이다.

직원들도 벤처기업에 매력을 느껴 즐겁게 일하고 있었다. 그랬는데 설마 그런 직원들이 직함을 가지고 싶어할 거라고는 상상도 못했다.

혹시 부모한테 이런 말을 들었을지도 모른다.

"너는 아직 회사에서 아무런 직책도 맡지 못했니? 너하고 같은 학년인 앞집 애는 벌써 계장이라는 것 같던데."

아니면 마음에 두었던 여자한테 안 좋은 소리를 들었을지도 모른다.

"다니는 회사가 호리바 제작소라고요? 그런 회사는 들어본 적이 없는데. 그 회사 평사원인가요?"

직함으로 일을 하는 것이 아니라고 머리로는 이해하고 있

으면서도 대학 동기나 주변 사람들로부터 이런저런 말을 들
으면 누구라도 충격을 받게 된다.

대기업의 출세 경쟁을 얕보는 사람도, 벤처 정신이 왕성한
사람도 역시나 직함을 가지고 싶은 모양이다. 직함을 가지고
있지 못하면 열등감이 생긴다. 이것이 많은 일본 사람들의 본
심일 것이다.

전원 과장 승진

원인이 직함이라는 것으로 판명난 후 가장 먼저 한 일은
곧바로 전 직원을 과장으로 승진시키는 것이었다. 물론 명함
도 만들었다. 아무리 그래도 박사 학위를 맘대로 명함에 쓸
수는 없으니까 별도의 계획을 하나 만들었다.

당시 여러 회사에서 하청받아 여러 가지를 개발하고 있었
는데, 그 내용으로 논문을 쓰게 했다. 대학 연구실에 가서 연
구하면서 박사 학위를 받을 여유는 없지만 '논문 박사'라면 일
을 하면서도 가능하다.

이렇게 해서 직장 분위기가 원래대로 밝아졌다. 지금 생각하

면 바보 같은 이야기로 들릴지 모르지만, 그대로 방치했다면 하나둘씩 회사를 빠져나갔을 것이다. 그래도 막바지에 가서라도 알게 되어 천만다행이었다.

이 일을 계기로 깊이 반성하게 되었다. 경영자는 가장 앞장서 일해주는 직원이 무엇에 만족하고, 무엇에 불만을 가지고 있는지를 항상 파악하고 지원해야 한다.

최근 '프로젝트 매니저'라든가 '○○ 스페셜리스트' 같은 구체적으로 무슨 일을 하는지 알기 어려운 직함을 가진 사람이 적지 않다. 그렇지만 그런 사람들 역시 무시하면 안 된다.

여기에는 '당신의 역량을 인정한다. 그러니까 ○○ 스페셜리스트라는 특별한 직함을 부여한 것이다'라는 경영자의 생각이 담겨있기 때문이다.

'매일 즐기면서, 재미있고 즐겁게 일을 했으면 하는 바람이 있기 때문에 직원의 불평불만을 최소한으로 줄이겠다.'

사장은 물론이고 부장과 과장 등 관리직도 모두 항상 이런 생각을 가지고 있으면, 그 회사에서 일하는 직원은 분명히 오랫동안 근무할 것이 틀림없다.

정말 싫은 일도
생각 하나로 재미있게 할 수 있다

재미있는 일은 저절로 하늘에서 떨어지지 않는다.
때로는 고객으로부터 호되게 야단을 맞는 경우도 있다.
그렇지만 무슨 일이든 마음먹기에 따라
얼마든지 재미있게 할 수 있다.

"중소기업 사장님들은 좋아하는 일을 할 수 있어서 좋겠어요."

이렇게 말하는 사람을 자주 만나는데, 이는 정말 몰라서 하는 말이다. 작은 회사 사장이라고 하면 자유롭게 제멋대로 사는 이미지가 있는지 모르겠지만 조금도 그렇지 않다. 사장을 해본 사람이라면 누구나 뼈저린 경험을 통해 잘 알고 있는 사실이다.

자금이 떨어져 돈을 빌리려 은행에 가면 "무엇을 하는지 잘 알 수도 없는 그런 사업에 돈을 빌려줄 수 있겠어요?"라고 핀잔을 듣기도 한다. 중요한 거래처가 화나면 제일 먼저 사장이 용서를 구하러 가야 한다. 마음속으로는 정말 하고 싶지 않은 일이 많다. 그런 일들을 사장은 전부 도맡아 해야 한다.

때려눕히고 말거야

'재미있고 즐겁게'를 표방하는 나도 싫어하는 일을 수없이 많이 해왔다. 은행에서 젊은 직원에게 머리를 숙이면서 '이 자식을 언젠가 때려눕히는 날이 올 것'이라고 몇 번을 되새겼는지 모른다. 지금 당장 대출을 받지 못하면 회사가 곤경에 처하게 될 것 같을 때는 이른 아침에 지점장을 기습하기도 했다. 아침 6시부터 지점장 집 앞에 꼼짝 않고 서있는다. 지점장이 집에서 나오면 다가가서 차에 올라타기까지의 짧은 시간 동안 "새로운 사업을 반드시 성공시키겠습니다"라고 말하며 필사적으로 대출을 부탁한다. 이런 일은 두 번 다시 하고 싶지 않다고 생각하면서 몇 번이고 지점장 집으로 달려갔었다.

이런 이야기를 하면 "호리바 회장님도 힘든 시절이 있으셨 군요"라며 남 일처럼 말하는 사장들이 있지만, 그들도 언젠 가는 경험하게 될지 모른다. 며칠 전에도 어느 중소기업 사장 에게 자금 사정이 어려워 어음 결제를 못하게 될 지경이 되어 은행 지점장 집에 찾아갔다는 이야기를 들었다.

"예전에 호리바 회장님 말씀을 들었을 때 나는 그런 볼썽 사나운 일을 할 수 없을 것 같다고 내심 생각하고 있었습니 다. 정작 내가 그런 긴박한 상황이 되니까 볼품 같은 걸 챙길 여유가 없더군요. '호리바 회장님도 이런 일을 했다고 했어.' 그렇게 생각하니까 용기가 생겼습니다."

혼나면서 배운다

사장 일이 얼마나 힘들던지. 젊었을 때는 한숨을 내쉬던 적도 있었지만 나는 점차 이렇게 생각하기로 했다.

'싫어하는 일을 싫다고 자꾸 생각하면 안 된다. 이 일을 끝 내면 더 재미있는 일을 할 수 있다. 무슨 일이든 자신이 어떻 게 생각하는가에 따라서 즐거울 수도 있고, 힘들 수도 있다.'

가령 은행이나 거래처에서 질책을 당하면 '나는 지금 혼나는 방법을 배우는 것이다'라고 생각하기로 했다. 힘담을 퍼붓거나 들어주기 힘들 정도로 비방을 해대는 상대에게는 화가 머리끝까지 치밀어 오르지만, 그렇지 않을 때도 있었다.

"귀사의 상품을 정말 신뢰하고 있었습니다. 그런데 이번 실수를 보고 얼마나 실망했는지 모릅니다. 믿었던 회사가 이런 일을 하다니, 정말 슬프네요."

어느 고객사로부터 이런 질책을 받았을 때는 눈물이 나올 뻔했다. 그리고 이 사람을 위해서 어떻게 해서든 좋은 상품을 만들겠다고 다짐했다. 혼내는 방법도 다양하다는 것을 직접 당해봐야 비로소 알게 된다.

어떤 방법으로 책임을 물어야 부하 직원의 의욕을 떨어뜨리지 않을 수 있을까? 그 방법을 배우는 중이라고 생각하면 '앞으로 나를 혼내는 사람은 어떤 방법을 쓸까?'라는 생각마저 들어서 즐거워지기까지 한다. 물론 이런 말은 화가 난 상대에게 실례가 되겠지만 말이다.

'혼나는 것은 싫다'고만 생각하고 있을 때는 이런 것까지 염두에 둘 수 없다. 하지만 무슨 일이든지 '감사하다', '재미있다'고 생각하면 상대방 역시 '이번에는 문제가 좀 있었지만, 앞으로 계속해서 이 사람을 응원해야지'라는 마음을 가져줄 것이다.

금융기관과 거래할 때에도 프레젠테이션을 공부한다고 생각하면 좋다. '이 은행 직원을 납득시키려면 어떻게 말해야 할까?'를 잘 생각한 뒤 거짓말과 사실을 반반씩 섞어서 대출을 받아냈을 때의 쾌감은 이루 말할 수 없다.

중소기업 사장 중에는 은행을 까닭 없이 싫어하는 사람이 있다. 하지만 은행만큼 냉정하게 내 사업을 평가해주는 고마운 곳도 없다. 나 자신도 은행 신세는 지지 않을 거라고 생각하고 한때 은행 차입 없는 경영을 했지만, 은행의 의견을 들어야 올바른 경영 판단을 할 수 있다고 생각을 고쳐먹은 뒤 일부러 대출을 늘리기도 했다.

궁리해서 재미있게 만든다

재미있는 일은 자신이 만들어가는 것이다. 주변에 재미있는 일이 굴러다니는 것도 아니고, 다른 사람에게서 전달받을 수 있는 것도 아니다. 우리 회사 직원 중에는 "사훈에 '재미있고 즐겁게'라고 적혀 있으니까 호리바 제작소에 들어가면 재미있는 일을 시켜주겠지"라고 오해했다는 친구들이 있다.

일을 재미있게 하려면 자기 스스로 생각하라고 직원들에게 가르쳐야 한다. 그리고 사장은 그 영향력이 큰 만큼 사내 누구보다도 재미있게 일해야 한다. 사장이 즐겁게 일하면 주변에서도 즐겁게 일한다. 거꾸로 사장이 마지못해 일하고 있으면 직원들도 일이 재미없을 수밖에 없다.

우수한 인재를 채용하고 싶으면 이렇게 외친다
"자신 없는 사람은 대기업으로 가라"

직원 입장에서 하고 싶은 일을
자유롭게 할 수 있는 곳은 대개 중소기업이다.
이런 매력을 강조하면 자아실현을 목표로 하는 학생들이 입사한다.
재미있게 일할 수 있는 회사를 목표로 하면 자연스럽게 사람이 모여든다.

"대기업은 좋겠다. 중소기업에는 좋은 인재가 전혀 와주지 않는다"며 투덜거리는 사장도 적지 않을 것 같다. 그런 사장들은 "재미있고 즐겁게 경영을 하고 싶어도 사람이 없으니 어떻게 해볼 도리가 없다"고 생각하는지도 모르겠다.

그런데 예나 지금이나 입만 벌리고 기다린다고 중소기업에 인재가 모여드는 것은 결코 아니다. 원한다면 이쪽에서 적극적으로 얻으러가는 것이 맞다.

"중소기업이 우수한 인재를 채용하는 것은 무리다."

이렇게 포기하는 사장이 있다면, 이런 말을 해주고 싶다.

"도대체 당신은 노력을 얼마나 했기에 그런 말을 하는가? 할 수 있는 것은 전부 다 해봤는가?"

능력 있는 사람은 오라

옛날에는 명문대 학생들이 대학을 졸업하고 중소기업에 신입 사원으로 취직하는 일은 상식적으로 있을 수 없는 일이었다. 요즘의 합동 취업 설명회 같은 편리한 시스템도 없었다. 그렇지만 나는 우리 회사를 창업하던 무렵부터 교토 대학 학생을 매년 몇 명씩 계속 채용할 수 있었다.

우선 가장 먼저 대학교수와의 접점을 만들었다.

"계측기를 만드는 회사입니다. 우리 회사 제품을 한번 사용해주십시오."

대학 연구실은 대부분 자금이 부족하기 때문에 무료로 빌려준다고 하면 웬만해서는 싫다고 하지 않는다.

그리고 계측기의 사용 방법에 대해 몇 차례 묻고 답하면서 교수와 친해지면 "연구실 학생들에게 우리 회사에 대해 설명할 수 있게 해주시겠습니까?"라고 부탁한다. 이렇게 학생이 모이면 모든 방법을 동원해 회사를 적극적으로 알린다.

"대기업에서는 자기 생각대로 일할 수도 없고 즐겁지도 않습니다. 그렇지만 우리 회사 같은 작은 회사는 자유로울 뿐 아니라 자신의 손으로 회사를 키울 수도 있습니다. 자신이 없는 사람은 대기업으로 가세요. 중소기업이야말로 능력 있는 사람에게 어울리는 곳이니까요!"

안정성을 지향하는 학생은 기본적으로 대기업을 선택한다. 중소기업으로 오는 학생은 두 부류다. 대기업 채용에 떨어져서 어쩔 수 없이 흘러들어오는 소극적인 학생과, '이 회사는 재미있을 것 같은데'라는 적극적인 생각을 한 학생이다. 물론 중소기업은 후자를 놓쳐서는 안 된다.

"일에 대한 보람과 즐거움은 대기업과 비교가 안 된다"고 호소하면 반응을 보이는 학생이 반드시 몇 명은 있다. 그들 중에 절반은 강제로 데려온 사람들이다.

그리고 해마다 대학에서 학생들을 열심히 설득했더니, 나중에는 교수가 먼저 "이 학생은 대기업보다 귀사에 더 적합한 것 같습니다"라고 소개해주었다.

애사심은 필요없다

취업 정보지에 광고를 내거나 합동 취업 설명회에서 부스에 그냥 앉아 있기만 해서는 안 된다. 자신의 사업장 주변에 있는 대학을 몇 번이나 찾아갔는가? 학생들에게 당신의 열의를 어필한 적이 있는가? 원하는 인재는 사장이 직접 나서서 채용해야 한다.

물론 '우리 회사는 하고 싶은 일을 할 수 있다'고 권유해놓고 정작 입사했더니 영 딴판이라면 논외다. 지금이야 정보가 인터넷으로 삽시간에 퍼지기 때문에 입만 가지고 떠드는 회사는 학생이 근처에도 오지 않는다.

최근에는 호리바 제작소도 학생들에게 알려져 취업 희망자가 적지 않게 온다. 그런데 기쁘기도 하지만 한편으로는 '내가 하고 싶은 일을 맘껏 해봐야지'라는 벤처 정신을 가진 사람은 줄어들고, 회사에 의지하려는 직원이 늘어나고 있어서 안타깝다.

그래서 신입 사원이 입사하면 이렇게 강조한다.

"신입 사원 여러분, '애사심을 가지고 회사를 위해 열심히 하겠습니다'는 말 따위는 하지 마십시오. 애사심이란 자신의 힘으로 회사를 떠받칠 수 있는 사람 입에서 나와야 하는 말입니다. 앞으로 얼마 동안 여러분은 선배 직원들에게 거치적거리는 존재일 뿐, 애사심을 가진다는 것은 무리입니다. 먼저 자신의 일을 열심히 하십시오. 자신이 중요하다고 생각하십시오. 끊임없이 배우고 배워서 자신을 연마하십시오. 그렇게 실력을 쌓아 체득하면 조직을 위해 일할 수 있습니다. 받는 월급보다 10배의 수익을 창출할 수 있게 되었을 때 '회사를 사랑하고 있다'고 말해주십시오. 그냥 주는 월급만 받으면서 '저는 애사심이 있습니다'라고 말하는 건 쓸데없는 참견에 불과합니다. 뻔뻔스러운 짓이지요."

보수보다 중요한 것

이렇게 말하면 신입 사원은 대체로 눈을 동그랗게 뜬다.

"최고 고문의 말을 듣고 머리가 조금 복잡해졌습니다"라고 보고서를 써오는 직원도 있지만, 상관없다. 이 회사에서는 회사를 위해서가 아니라 자신을 위해 재미있고 즐겁게 일하면 된다고 생각을 고쳐먹으면 그것으로 만족한다.

호리바 그룹의 어느 외국인 직원이 이런 말을 했다.

"일을 하는 것은 수입을 얻기 위한 것이라고만 생각했습니다. 그런데 한번이라도 좋으니, 재미있게 일할 수 있는 회사에 근무해보고 싶었지요. 그래서 호리바에 입사해서 합니다. 그렇다고 하다라도 '재미있고 즐겁게'를 그대로 회사의 철학으로 실천하고 있는 회사가 있다니, 정말 놀랍습니다."

유능한 인재일수록 능력을 마음껏 발휘할 수 있는 회사에서 근무하고 싶다고 생각한다. 가령 유능한 사람을 높은 보수를 주고 채용하더라도 더 많은 보수를 제시하는 기업이 나타나면 그 사람은 쉽게 회사를 옮길 것이다. 인재 채용의 포인트는 보수가 아닌 다른 곳에 있다.

좋은 인재를 채용할 수 있는 곳은 경영자가 분명하게 직원 중심의 회사를 만들고 있는 회사다. '우리 회사는 중소기업이니까'라고 비굴해하지 말고, 중소기업만이 가질 수 있는 매력을 어필하면 반드시 좋은 인재를 확보할 수 있다.

모든 직원이 주주인 복리 후생 회사
재미있는 직장을 스스로 생각한다

호리바 그룹에는 복리 후생 업무를 전문으로 하는 회사가 있다.
문화 교실과 농업 체험 등 다양한 서비스를 직원에게 제공한다.
모든 직원이 주주가 되어,
전원이 참여하는 이상적인 직장을 만든다.

호리바 그룹에는 '호리바 커뮤니티'라는 회사가 있다. 호리
바 그룹 직원들의 복리 후생을 담당하는 회사다. 단, 어디에
나 있는 복리 후생 업무 하청 기업은 아니다. 다른 회사로부
터 업무 도급을 맡는 서비스 회사와도 다르다.

호리바 커뮤니티의 주주는 호리바 그룹과 거기서 일하는
모든 직원이다. 물론 나와 현 사장도 주주다. '호리바리안의
복리 후생은 호리바리안 스스로 실행한다'를 콘셉트로 모두가
주주가 되어 자신들의 복리 후생의 바람직한 모습을 함께 생

각한다. 호리바 커뮤니티는 모두가 참여하는 형태의 회사다.

입사할 때 10주를 산다

원래는 노무과에서 직원의 복리 후생을 담당했다. 그런데 직원을 위해서라고 생각해 노동조합이 요구하는 대로 하다 보니 어느새 과잉 서비스를 제공하고 있었다.

월급은 월급대로 지급하면서 복리 후생을 위해 그렇게까지 회사 돈을 쓰는 것이 과연 바람직한지, 복리 후생 전반에 대해 근본적으로 검토하고 개선하기 위해 1978년에 노사 공동으로 호리바 커뮤니티를 만들었다.

호리바 그룹에 입사한 직원은 주당 500엔인 호리바 커뮤니티의 주식을 10주는 사야 한다. 우리 회사에서 근무하는 이상 복리 후생 사업에 참여하는 것은 의무라고 생각하기 때문이다. 그 후에는 스스로 선택해서 주식을 더 구입할 수도 있다. 현역 직원뿐 아니라 이미 퇴사한 전 직원도 희망자에 한해 그대로 주주 상태를 유지할 수 있다.

현재 호리바 커뮤니티는 각종 보험 업무와 국내외 여행 수

속 대행, 직원 식당과 사택 관리 등 다양한 서비스를 제공하고 있다. 좀 독특한 것을 꼽자면 서예와 전각 같은 문화 교실 운영과, 구마모토 현의 아소 공장 근처에서 만드는 소주, 육류, 채소 판매 사업이다.

시가 현 다카마츠 시에서 '호리바 블루베리 팜 조이 앤 펀'이라는 농장도 운영한다. 그곳에서 직원들이 가족과 함께 농업 체험을 하거나 수확한 잼과 후추 등을 사내에서 판매한다.

예전에는 직원들에게 회사에서 자금을 융자해주기도 했다. 소비자금융을 통해 돈을 빌리는 것을 꺼리는 직원들을 위해 귀찮고 까다로운 수속 없이 시중보다 낮은 금리로 빌려줬다. 대출금 상환은 월급에서 공제되는 식이기 때문에 빚 독촉에 시달리는 일도 없다. 지금은 호리바 제작소 본사에서 실시하는 사내 대출 제도로 전환했지만 그 이전까지는 직원들에게서 높은 평가를 받았다.

성대한 주주 간담회

호리바 커뮤니티에서 일하는 직원은 보험과 여행 등 각각의 업무에 정통한 전문가들이다. 하나의 관리 부문으로 존재하며 일하는 것보다 복리 후생에 특화시키면 훨씬 더 전문적으로 업무를 볼 수 있다.

나는 주주인 동시에 호리바 커뮤니티의 최고 고문이기도 하다. '내가 노동조합의 위원장이라면 조합원들에게 꼭 이것만은 해주고 싶다'는 생각을 바탕으로 아이디어를 내고 있다.

복리 후생 서비스에 쓰는 자금은 호리바 제작소에서 받은 운영비다. 단, 서비스를 받는 직원에게도 상응하는 비용을 부담하게 한다. 그 대신 직원이 재미있고 즐겁게 일할 수 있도록 다양한 서비스를 계속 추가하고 있다. 그리고 복리 후생 사업으로 확실하게 이익을 냄으로써 주주인 직원들에게 매년 배당금을 지급하고 있다.

"어떤가요? 이렇게 특이한 복리 후생 회사도 흔하지 않겠지요?"라고 자랑하고 싶다.

그런데 이 제도에 대해 알게 된 세무서가 '탈세용'이 아니냐며 트집을 잡았다. 도대체 무슨 생각이냐며 관할인 오사카 국세청에 가기 전까지 옥신각신 다투었다. 직원을 위해 만든 회사인데 탈세라니? 정말 이해할 수가 없다.

호리바 커뮤니티 주주는 현재 2,700명까지 늘어났다. 연말에는 모든 주주를 모아 주주 간담회를 개최한다. 전국 31개 모든 거점에서 파티를 열고 각 장소의 모습을 화상회의 시스템으로 중계한다. 최고 30만 엔에 달하는 여행상품권 추첨이 진행되는 등 분위기가 고조된다.

자본과 노동의 융합

회사는 자본과 경영, 노동 등 세 가지 요소로 성립된다. 어느 한쪽이 강자의 입장에 서는 것이 아니라, 각각이 서로의 역할을 충실히 수행함으로써 회사는 원활히 돌아간다. 이것이 자본주의의 기본 원리다.

주주, 경영자, 직원 모두 행복해야 한다. 그렇기 때문에 직원에게 영합하는 과한 복리 후생 서비스는 좋지 않고, 반대로 노동을 착취하는 블랙기업이 있어서도 안 된다.

그러나 실제로는 복리 후생 때문에 노사가 대립하는 회사가 많다. 직원 쪽은 되도록 서비스 확충을 요구하고 경영자 측은 가능한 한 경비를 삭감하려고 하기 때문이다. 이 점에 있어서 우리 회사는 직원도 경영자도 모두 주주이다 보니 이해관계가 일치해서 노사가 대립하는 일이 거의 없다.

호리바 커뮤니티라는 회사를 통해 주주인 직원이 재미있고 즐겁게 일할 수 있는 회사란 무엇인가를 주체적으로 생각하게 된다. 사업을 하는 회사로서 이익을 창출하는 호리바 제작소와, 직원이 삶과 일에 대한 보람을 높일 수 있는 호리바 커뮤니티가 자동차의 두 축이 되어 이상적인 직장을 만들어가고 있다고 생각한다.

자본과 노동의 융합이라고도 할 수 있는 이러한 시도는 어떤 회사에서라도 얼마든지 그대로 응용할 수 있다고 생각한다.

팔리는 것만 만들지 마라
왕도를 걷는 회사는 재미있다

시장의 변화에 대응하는 데는 한계가 있다.
미리 7부 능선에 베이스캠프를 쳐야 한다.
왕도를 걸으면 반드시 수요가 나중에 따라온다.

"뭔가 사회적 문제가 생기면 호리바의 이름이 등장하던데
요"라는 말을 언론인들에게서 자주 듣는다.

분명히 그럴지 모른다.

자동차 배기가스 배출이 심해지면 호리바 제작소의 분석
기가 엄청나게 팔린다. 욧카이치 천식*이 발생했을 때 대기가

---

* 미에(三重) 현 욧카이치(四日市) 시 오하마(塩浜) 지구 주변에서 발생한 공해병이다.
이곳에서 1950년대 후반부터 조업을 시작한 석유·화학콤비나트에서 대기 중에 배
출시킨 이산화유황 등 유황산화물에 의해 발생하는 천식 증상의 만성 기관지염이다.
1972년 공해병으로 인정되었다. _옮긴이 주

얼마나 오염되었는가를 측정하는 데 호리바의 분석기가 사용되었다.

오존층 파괴가 화제가 되면 오존 농도를 측정하는 호리바의 분석기, 다이옥신이 위험하다고 하면 호리바의 분석기, 이산화탄소 배출로 인한 온난화 문제가 떠오르면 가스 검출에 호리바의 분석기를 쓴다. 그리고 2011년 원자력발전소 사고가 났을 때도 호리바의 분석기가 등장했다.

"호리바는 남의 약점과 허점을 이용해 큰돈을 벌잖아."

이런 식으로 생트집을 잡는 사람마저 있다. 하지만 그건 사실과 다르다.

60년이나 계속된 연구

일단 우리 회사가 걸어온 개발의 역사를 볼 필요가 있다. 미국에서 자동차 배기가스를 규제하는 머스키 법이 성립된 것이 1970년이다. 호리바 제작소가 적외선을 이용한 가스분석기를 만든 것은 그보다 훨씬 이전인 1957년이다.

처음에는 폐 기능을 분석하기 위해 개발했다. 들이마신 호흡과 내뱉는 호흡을 분석하여 폐의 기능을 확인하는 것이다. 그런데 어느 날 당시 통산성 임원이 방문해서는, "이 분석기를 차량의 배기가스 측정에 사용했으면 합니다"라고 말했다. 이 일이 계기가 되어 자동차 시장에 진입한 것이지, 처음부터 의도했던 것은 아니다.

방사선과 관련해서는, 내가 학생이던 시절부터 연구 분야다. 직원은 "방사선 분석기 같은 것이 팔리겠습니까?"라며 불만을 토로했지만, "내 눈에 흙이 들어가기 전까지는 해라!"고 밀어붙인 지 벌써 60년이 지났다. 결국 원자력발전소 사고라는 최악의 형태이기는 하지만 세상에 도움이 되었다.

다이옥신 문제나 이산화탄소 문제도, 모두 개발하고 나서 한참이 지난 뒤에 수요가 발생했다. '지금은 어디에 사용해야 할지 모르겠지만 언젠가 꼭 필요할 때가 올 것이다'라는 생각으로 만들었는데, 나중에 그것이 그대로 현실이 되었다. 시장의 변화를 예측해서 준비하면 좋겠지만, 그런 경우는 유감스럽게도 없다.

솔직하게 말하면 나는 기업을 경영하는 사람이지만 시장의 니즈는 그다지 신경 쓰지 않는다. 금융기관에서도 "그런 쓸데없는 연구만 해도 괜찮습니까?"라는 말을 자주 듣는다. 그렇지만 나는 연구하고 분석하는 사람의 왕도王道를 절대 벗어나지 않았다고 자부한다.

챔피언다운 기질로 승부한다

왕도는 누군가가 언젠가는 해야 하는 본질에 속하는 것이다. 가령 무엇인가를 분석할 때에도 되도록 짧은 시간에 정확한 데이터를 검출하는 것이 가장 이상적이다. 그런데 예전에는 기체를 측정할 적에 일단 액체로 만든 뒤, 그 액체를 분석했다. 이런 방법으로 분석하는 것은 15~20분이나 걸릴 뿐 아니라 데이터의 정확성도 떨어지기 쉽다.

액체를 매개로 하지 않으면 기체를 분석할 수 없다니? 우스꽝스러운 일이다. 그렇다고 해서 계속 이렇게 작업하지는 않을 것이다. 우리 회사는 세상의 여러 물질이 어떤 성분으로 구성되어 있는지를 조사하고 분석한다. 액체를 통하지 않으면 안 된다니, 이것은 분석가의 수치라고 생각하고 밤낮으로 개발에 몰두했다. 그것이 결국 나중에 배기가스 분석기로 이어졌던 것이다.

나는 간편하고 쉬운 방식을 찾아 도망친 적이 단 한 번도 없다. 늘 상대방과의 힘의 차이를 뚜렷이 보이며 압승할 수 있는 챔피언다운 경기를 펼쳤고, 그때그때 최고의 방식으로 도전해왔다는 자부심이 있다.

'누군가에게서 그것을 하라는 지시를 받지는 않았으되, 그래도 하지 않으면 안 된다.' 왕도란 이런 것이라고 생각한다.

왕도가 보이지 않는다는 사람은 없다. 자신이 속한 업계에서 앞으로 어떤 일이 벌어질지, 경영자라면 어렴풋이나마 보일 것이다. 그래서 남들에게 설명할 수 없는 전략을 추진해야 하기 때문에 강력한 리더십이 필요하다.

아이들 교육과 같다

이 생각이 마치 아이들을 교육하는 것과 같지 않은가?

'어른이 되면 이런저런 상황에서 수학이 필요할 테니까 지금 제대로 공부해둬야지.'

이렇게 생각하는 어린이는 없다. 물론 그런 상황이 올지는 부모나 선생님도 모른다. 수학자가 되기 위한 목표를 가지고 수학을 공부하는 어린이라면 몰라도 보통의 경우에는 명확한 목적을 설정하지 않은 채 공부한다. 그렇지만 그러한 지식과 사고가 언젠가 어디에서든 반드시 도움이 된다. 공부란 그런 것이다. 그렇기 때문에 더욱 부모와 선생님이 배움에 대한 소중함을 일깨워주어야 한다.

기초를 확실히 다지지 않으면 응용할 수 없는 것은 아이들이나 기업이나 전혀 다를 것이 없다. 경영자에게는 변화에 유연하게 대응하는 능력이 필요하다고들 한다. 하지만 기초 체력과 같은 기본 실력이 없으면 사회 변화를 아무리 발 빠르게 쫓아가도 도저히 따라잡을 수 없는 상황이 반드시 온다.

"자금이 없는데 수요가 있을지 없을지 모르는 산에 베이스캠프를 설치할 수 없다"는 변명은 통하지 않는다. 지금 오르고 있는 산을 답파하고 난 후에는 어떻게 할 계획인가?

아무리 힘들어도 사장이 커다란 산을 가리키며 "저기에 베이스캠프를 치자"고 말하면, 직원도 재미있어하며 일을 해줄 것이고 성과도 날 것이다. 하지만 "얼마나 팔릴까?"라고 중얼거리며 눈앞의 숫자만 신경 쓰면 직원들은 지친다.

일본은 원 오브 뎀
60년 전 나를 움직이게 한 금언

일찍부터 해외로 눈을 돌렸기에 임원 회의는 영어로 한다.
호리바 제작소가 성장할 수 있었던 것은 외국 기업 덕분이다.
선입관에 사로잡히지 말자.
중소기업이야말로 해외로 나가자!

세계 각지에 있는 호리바 제작소의 임원들이 한 자리에 모이는 회의는 1990년대부터 영어로 진행되고 있다. 그룹 전체로 보면 일본인 직원은 40퍼센트가 조금 더 되는 것에 불과하다. 한국과 중국을 포함한 동양인만으로 계산해도 절반 정도밖에 안 된다. 나머지 직원은 모두 유럽이나 미국 쪽 사람들이다. 이런 상황이기 때문에 회의를 세계 공통어인 영어로 진행하는 것은 어쩌면 당연한 일일지 모른다.

거꾸로 외국인에게 일본어를 가르치면 경비는 물론 시간

적인 측면에서도 엄청난 에너지가 필요하다. 하지만 일본인은 학생 때부터 영어를 배웠고, 우리 회사 간부들은 전원 해외 주재원 경험이 있다. 그래서 제2차 세계대전 이전 세대인 나 같은 사람을 제외하면 일본 사람들이 영어를 쓰는 것이 이치에 맞는다고 생각한다.

해외는 규모가 다르다

우리 그룹에 외국인 직원이 많은 이유는 내가 1950년대에 해외로 눈을 돌렸기 때문이다. 이는 일본 기업 중에서도 비교적 빠른 편이다. 그 계기가 되었던 것은 창업 당시 신세를 많이 졌던 지인의 한마디였다. 그 사람은 대대로 물려받은 오래된 점포를 전문적으로 상대하는 종합상사 오자와 상회小沢商会의 전 회장 오자와 요시오 씨다.

"호리바 사장, 일본 같은 나라는 어차피 세계의 '원 오브 뎀One of Them'이오. 미국같이 큰 나라에서 팔지 못하면 일본 기업은 발전하지 못합니다."

오자와 씨는 제2차 세계대전 이전에도 일본 기업의 다양한 제품을 미국으로 수출해서 큰 성공을 거두었다. 내가 사업을 시작할 때 출자해서 사외 이사직을 맡아준 은인이기도 하다. 지금으로부터 60년도 더 전에 '일본은 원 오브 뎀'이라는 발상을 가지고 있었던 와자와 씨 같은 사람은 별로 없었으리라 생각한다.

오자와 씨의 그런 말을 듣고 나는 무작정 미국으로 건너가 여러 경영자와 이야기를 나누었다. 그랬더니 모든 것이 규모가 달랐다. "일본에서 '넘버원'일지라도 세계 무대로 나가면 도대체 몇 등일까?"라고 생각했다. 해외로 나가야겠다는 생각은 그때부터 더욱 강해졌다.

해외에서 먼저 히트

해외는 시장 규모와 더불어 제품 그 자체의 좋고 나쁨으로 승부할 수 있다는 것도 우리 회사 같은 중소기업에는 고마운 기회였다. 예나 지금이나 일본의 대기업은 습관적으로 제품보다 회사의 경력을 중시하기 때문이다.

"자본금 100만 엔? 직원 15명? 그런 회사가 우리 같은 대기업과 거래할 수 있겠어!"

이런 이유로 몇 번이나 문전박대당했다.

그런데 미국에서는 전혀 다르다. 물품을 보고 "이거 재밌네요. 100개 살게요"라는 식이다. 계약서를 쓰는 단계가 돼서야 "그런데 어느 나라에서 왔어요?"라고 묻는다.

"일본입니다."

"아하, 그래서 영어가 서툴군요."

회사 연혁에 대해 묻는 것은 마지막이다.

"그런데 당신 회사는 몇 년 되었나요?"

"아직 5년밖에 안 되었습니다."

"그렇군요. 열심히 하세요."

극단적으로 표현하면 미국인들은 회사보다 물건을 본다. 일본에서는 물건 대신 회사를 본다. 히타치나 도시바 같은 대기업과 달리 중소기업이 좋은 물건을 만들 리 없다고 단정하는 사람도 있다.

그렇기 때문에 중소기업은 해외로 진출해야 한다. 미국인들은 아무리 작은 회사에서 만들었어도 물건이 재미있으면 '이용하지 않으면 손해'라고 생각한다. 해외야말로 일본의 중소기업에 안성맞춤이다.

우리 회사 제품 중에는 일본보다 미국에서 먼저 히트한 것이 많다. 어느 한 일본 기업이 미국 기업의 공장을 시찰했을 때 "이 측정기가 좋아 보이는데 어느 회사 제품인가요?"라고 물었더니, "예? 당신 나라의 호리바 제작소가 만든 제품인데요?"라고 되묻는 어처구니 없는 일이 있었다고 한다.

그 일본 기업 담당자가 허둥지둥 측정기를 사러 우리 회사로 와서 "아니 일본보다 미국에 먼저 물건을 팔다니 도대체 무슨 생각인가요?"라고 잘난 척하며 심한 말을 했다. 그래서 "당신 회사에 갔었는데, 문전박대당했소"라고 했더니 겸연쩍어했다.

시계탑 밑에서의 대규모 집회

'해외 진출은 리스크가 너무 크다'고 주저하는 경영자가 여전히 많다. 분명히 2012년 센카쿠尖閣 열도 문제로 중국에서 반일 감정이 고조되었을 때는 나도 솔직히 두 손 다 들었다.

그때는 공교롭게도 상하이에서 자동차 배기가스 검사 시

설이 완공을 앞두고 있었다. 자동차를 가져오면 그 자리에서 배기가스와 연비를 측정할 수 있는 검사장이다. 그 영업 시작일이 센카쿠 문제가 일어난 며칠 뒤였다.

"문제가 될텐데, 연기할까?"

이 문제를 사내에서 논의했는데 중국 측이 괜찮다고 하니까 예정대로 오픈하기로 했다. 사장(호리바 아쯔시 회장 겸 사장)이 현지에 갔더니 놀랍게도 현관에 커다란 일본 국기가 걸려있었다.

오히려 "일본 기업의 시설이라는 것을 알아야 중국인도 신뢰하고 검사를 받으러 옵니다. 그러니까 국기를 걸어두어야 합니다"라고 태연하게 말을 한다. 결국 뚜껑을 열었더니 현지 주요 인사도 대거 참석했고, 큰 혼란 없이 성황리에 끝났다. 인구도 많고 면적도 넓은 나라이니까 시위에 참가하는 사람이 있는가 하면, 조용히 지켜보는 사람도 있기 마련인가 보다.

그러고 보니 일본에서 학생운동이 한창이던 시절, 교토 대학 시계탑에서 집회가 있다고 해서 재미삼아 보러 갔다. 실제로는 30명 정도밖에 없었는데, 다음 날 신문에는 그곳만 크게 부각시켜 '교토 대에서 대규모 집회'라고 야단법석을 떨었다. '이건 아닌데'라고 생각했다.

내가 60년 전에 그랬던 것처럼 스스로 자신의 눈으로 직접 활기 넘치는 전 세계의 움직임을 확인해야 한다. 분명히 가슴이 벅차오를 것이다. 그렇게 하면 직원도 벅찬 가슴으로 일해 줄 것이다. 물론 해외 사업 전개는 위험이 따르겠지만, 일본에 그대로 주저앉아 있는 것도 역시 위험하다.

침묵은 쓰레기지, 금이 아니다
자신을 과대평가하라

전통적인 '겸양의 미덕'은 세계 표준이 아니다.
과소평가하는 습관은 해외에서 커다란 오해를 산다.
큰소리치며 주장하는 것을 직원에게도 요구하자.

　일본인은 대체로 자신을 과소평가한다. 직원에게 어려운 일을 맡기면 "제가 할 수 있을까요?"라고 자신 없는 말투로 대답한다. "내가 뒤에서 도와주겠다"고 설득하면 비로소 "기대에 어긋나지 않도록 노력하겠습니다" 하고 받아준다.

　그런데 이런 직원일수록 일을 제대로 처리한다. 앵글로색슨족이라면 이런 식의 반응은 절대 안 할 것이다. "제게 맡겨주십시오"라고 즉시 대답한다. 10개 있는 것을 굳이 겸손하게 7개라고 말하는 일본인. 반대로 20개로 부풀리는 앵글로색슨

슨족. 이래서야 일본인의 능력이 낮다는 말을 들어도 어쩔 수 없다. 일본인도 해외로 나가면 10개 있는 것을 적어도 12개 정도는 있다고 해야 균형이 잡히지 않을까 싶다.

글로벌화가 한창인 요즘 일본인은 이러한 겸양의 미덕으로 엄청난 손해를 보고 있다. 뿐만 아니라 이런 소극적인 자세로는 재미있게 일할 수 없다.

허위 질문자의 실태失態

같은 아시아에서도 전혀 다르다. 한국과 중국에서 강연을 하면, 말이 끝나기가 무섭게 일제히 질문이 있다고 손을 든다. 그중에는 형편없는 질문도 있지만, 그래도 내 강연에 민감하게 반응을 보여주는 것 자체가 기쁘다. 특히 한국 사람들의 열정이 대단한데, 나를 계속 쫓아와 현관에서 자동차를 타기 직전까지 쉴 틈 없이 질문을 해댄다.

그런데 일본에서 강연을 하면 1시간 정도 열심히 말을 해도 질문하겠다는 사람이 없다. '이런 질문을 하면 멍청하다고 생각하겠지'라고 불필요한 걱정을 하는 것이다.

누군가가 질문하면 상황을 지켜보던 사람들이 비로소 '이 정도라면 내가 생각했던 질문도 괜찮겠다'고 생각하며 하나 둘씩 손을 들기 시작한다. 궁금한 것이 있으면 처음부터 물어보면 될텐데…. 정말 피곤한 국민이다.

그러고 보니 예전에 질문하는 사람이 없으면 나한테 죄송하다며 주최자가 미리 질문할 사람을 준비해준 적이 있었다. 그래서 강연 내용을 사전에 전달했다. 그런데 내 강연 내용은 그날 기분과 강연장 분위기에 따라 쉽게 바뀌곤 한다.

사전에 준비된 질문자는 질문할 내용으로 머릿속이 복잡했을 것이다. 그래서였을까 강연을 제대로 듣지 않았던 모양이다. "조금 전에 말씀하신 것처럼……"이라고 말문을 열고 질문을 했는데, 나는 그날 그런 이야기는 전혀 한 적이 없었다. 그 사람이 안됐고 불쌍해서 적당히 얼버무렸다.

회의에서 입을 다무는 사장

일본인 경영자를 보면 얌전한 사람 일색이다. 규제 완화를 요구하는 정부 기관 모임 자리였다. 화가 나 흥분한 채 내가 옳다고 생각하는 말을 마구 지껄였다. 돌아가는 길에 동석했던 사장이 승강기에서 "호리바 사장님 말씀이 맞소. 이전부터 나도 그렇게 생각하고 있었소"라고 말하며 내 어깨를 두드렸다.

"왜 회의 자리에서 이런 말을 하지 않으셨습니까? 가세해 주셨다면 상대를 설득할 수 있었을지도 모릅니다." 그렇게 화를 내자, "아니 너무 각을 세우는 것도 그렇고 해서"라며 말을 흐렸다. 이런저런 회의에서 이런 경험을 여러 차례 했다.

일본인은 자신의 생각을 과장해서 말하는 사람, 생각한 것을 그대로 주장하는 사람들을 수준이 낮다고 보는 경향이 있다. 그것은 터무니없는 생각이다. 10의 능력이 있음에도 불구하고 "7이나 8밖에 없습니다"라고 겸손하게 사양하면 언젠가 그것이 현실이 된다. 말의 힘은 그만큼 무서운 것이다.

특히 해외에서 장사하려면 생각하고 있는 것을 분명하게 말하고 자신의 존재감을 나타내야 한다. 너무 튀지 않는 것이 상책이라든지, '침묵이 금'이라고 하는 사람이 있다. 그들은 틀렸다. 침묵은 쓰레기다.

나는 원래부터 겸양의 미덕이 없는 편이다. 10이라고 생각하면 10이라고 말하는 성격이다. 게다가 호리바 제작소는 일찍부터 유럽, 미국, 아시아 여러 나라로 나가 사업을 했기 때문에 일본의 습관이 해외에서 통하지 않는 것을 경험을 통해 잘 알고 있었다.

20퍼센트 더해서 주장한다

물론 이런 성격이기 때문에 실패하기도 했다.

젊었을 때 단골 고객과 술을 마시면서 "한 병 더 어떠세요?"라고 물었더니 "아니요, 충분히 마셨습니다"라고 사양하기에, 마무리로 식사를 주문했다.

나도 술을 정말 좋아한다. 그렇지만 술에 너무 취하는 것은 싫어하는 성향이라서 '이 이상 마시면 맛이 없어지겠구나'라고 생각하면 그 이상은 절대 마시지 않는다. 그렇기 때문에 이 고객도 '정말로 이 이상은 술이 필요 없겠다'고 생각했다.

그리고 며칠 후 그 회사에서 불만 섞인 연락을 받았다.

"우리 직원이 당신 회사 사장에게 대접을 받은 것은 감사하게 생각하고 있습니다. 그런데 술은 제대로 마시지 못하게 하고 밥만 사줬다면서요."

그게 아닌데. 너무 당황하고 놀랐다. 그분이 '이제 그만'이
라고 하니까, 무리해서 더 이상 술을 권하지 않았던 것인데,
이게 어떻게 된 일인가 싶었다. 술이 마시고 싶으면 '한 병 더'
라고 말하면 됐을 텐데 말이다. 그러나 이것이 많은 일본인이
가지고 있는 보편적인 가치관이다.

본심을 드러내지 않고 절묘하게 애매한 느낌을 유지하면
서 상대에게 상처를 주지 않으려고 배려한다. 일본 사회에서
원만한 인간관계를 구축하는 데 쓰이는 이 방법은 해외에서
는 전혀 통하지 않는다.

한국인은 이런 유형이고, 일본인은 이런 유형이 많다고 구
분하는 것은 좋지 않을지 모르지만, 역시 나라마다 색채가 다
르다. 그리고 일본인이 가진 색채는 세계에서도 소수에 속한
다. 경영자도 직원도 모두 글로벌 사회에서는 결코 자신을 과
소평가하지 말고 20퍼센트 더해서 자기주장을 강하게 하도
록 해야 한다.

경영자만큼이나 강한 책임감과 의지를 가지고 경영자의 분신처럼 분주히 돌아다니는 직원. 경영자라면 누구나 이런 분신들로 가득 메워진 조직을 꿈꾸겠지만, 현실적으로 이런 조직을 만드는 것은 정말 어렵다.

일본 경제가 안정적으로 성장하던 시절에는 옛날 그대로의 관리형 경영으로도 회사가 돌아갔었다. 일본, 더 나아가서 회사가 나아가야 할 항로가 명확했기 때문에 강한 리더십으로 '이쪽으로 가자'고 끌어당기면 됐다. 극단적으로 표현하자면 팔릴 것 같은 상품이나 서비스를 찾아서 발 빠르게 그 분야에 투자하면 성공할 수 있었다.

그러나 시장이 지속적으로 확대되지 않는 지금, 경영의 항로는 하나일 수 없다. 현재 요구되는 조직은 조금의 흐트러짐도 허락되지 않는 군대가 아니라, 각 구성원이 다양성을 가지고 주체적으로 움직이는 조직이다. 이러한 개별 집단이 요즘 시대에 맞는 다양한 항로를 개척할 가능성이 높다.

한편으로 호리바 고문의 말처럼 지금은 세계적으로 노동의 질적 변화가 일어나고 있다. 도쿄 대학 대학원 경제학 연구과의 이토 모토시게 교수는 노동은 육체를 사용하는 '레이버labor'에서 지식과 기능을 파는 '워크work'로 변화하였고, 그리고 지금은 보다 더 창조적인 일을 하는 '플레이play'로의 변화가 일어나고 있다고 주장했다. 옛날에는 워커worker의 전성시대였지만, 지금은 많은 일을 점차 기계와 컴퓨터가 대체해 나가고 있다. 창조성과 예술성으로 승부하는 플레이어player형 직원을 육성하려면 그들의 자율성을 보장해줄 새로운 조직 문화가 필요하다.

그렇다면 구체적으로 어떻게 해야 스스로 창조력을 발휘

할 수 있을까? 즉, 호리바 고문이 말하는 것처럼 '재미있고 즐겁게' 일할 수 있을까? 호리바 고문은 이 물음에 답을 제시한다.

먼저 자본주의 사회가 어떤 원리로 성립되었는지를 직원에게 정확하게 이해시킨다. 그리고 경영의 블랙박스가 존재하지 않도록 모든 정보를 공개하고, 부가가치에 근거한 노동분배율을 규정화한다.

부가가치와 연동해서 임금을 정한다고 하지만, 어디까지나 임금으로 할당된 총자금원은 변하지 않는다. 개인의 실적에 따라 보수를 지급하는 성과주의와는 다르므로 팀워크가 저해될까 걱정할 필요는 없다.

"어차피 직원은 경영 지식이 없을 테니까 회사의 재무 상황을 공개해도 의미가 없다"고 멋대로 그럴싸한 핑계를 늘어놓는 경영자가 가끔 있다. 하지만 그렇게 해서는 직원이 재미있게 일할 수 없다. 직원에게 재무 지식이 없다면 경영자는 그것을 가르칠 의무가 있다.

호리바 고문은 이렇게 정보를 공유한 이후 직원이 재미있게 일하고 있는지 주의 깊게 지켜봤다. 호리바 고문을 카리스마 넘치는 강력한 지배적 경영자로 보는 견해가 있는데, 그것은 사실과 다르다. 분명히 카리스마적 성향은 갖추고 있지만 직원을 세심하게 살피고 배려하는 것을 보면 완력이 강한 유형과는 정반대 스타일이다.

가령 직함을 가지고 싶어하는 직원 모두를 과장으로 승진시키는 파격적인 조치는 직원의 마음에 공감하지 않으면 할 수 없는 일이다. 인사관리의 부정적 평가를 일체 중지하는 것도 방법론적인 면에서는 이해가 되지만, 그것을 정말 실행하는 단계에 이르면 주저하고 망설이는 경영자가 많을 것이다. 하지만 직원 입장에서 보면 도전만을 평가받기 때문에 기쁜 일이 된다.

이렇게까지 직원 측에 서서 경영을 할 수 있는 것은, 호리바 고문이 인간에게 잠재된 능력을 긍정적으로 생각하기 때문이다.

그러한 호리바 고문의 생각의 진면목을 들여다볼 수 있는 것이 앞에서 소개한 '젊은 직원들에게 애사심은 필요 없다'는 이야기일 것이다.

많은 경영자들이 직원에게 애사심을 가질 것을 요구해왔

다. 애사심을 가짐으로써 직원이 맡은 업무에 전념할 것이라고 생각하기 때문일 것이다. 틀림없이 애사심을 가진 사람이 모이면 결속력이 강한 집단이 될 가능성이 커진다. 고도성장기에는 직원의 충성심을 바탕으로 한 굳센 조직을 만들면 효과적으로 기능을 발휘했다.

그러나 그것이 무조건적으로 통용된 것은 버블 붕괴 이전까지의 이야기다. 오히려 애사심을 가진다는 것은 그 이면에 조직을 위한 자기희생이 따라야 하는 경우가 많다. 개인의 자율성, 조직의 다양성을 저해한다면, 그런 애사심 따위는 필요 없다고 호리바 고문은 갈파한다.

그러면서 호리바 고문은 "호리바 제작소에서 근무할 수 있어서 좋았다고 직원들이 생각해주길 바란다"고 말한다. 애사심의 전부를 부정하지는 않는 것이다.

그런데도 굳이 "불필요하다"고 잘라 말하는 이유는, 타인과 사회에 공헌하려면 이타심보다 이기적인 욕구를 충족하려는 행위가 우선되어야 한다고 생각하기 때문이다. 이기심에서 시작하지 않으면 재미있고 즐겁게 일할 수 없기 때문에 잠재 능력을 발휘하지 못하고, 결국 타인과 사회에 공헌할 수도 없다는 논리다.

이런 생각에 공감은 할 수 있어도 실제로 "애사심이 필요 없다"고 할 수 있는 경영자는 많지 않을 것이다. 호리바 고문이 이렇게 할 수 있는 것은 별나 보이거나 역설적인 말을 원해서가 아니다. 호리바 고문이 절대적으로 인간의 능력을 긍정하는 사고방식을 가지고 있기 때문이지, 다른 뜻은 결코 없다.

노동자를 착취하는 전근대적인 경영에서 노동자의 잠재력을 폭발시키는 21세기형 경영으로……

이러한 대전환을 이루는 데 빠질 수 없는 것이 직원의 능력에 대한 경영자의 긍정적 사고라고, 호리바 고문은 가르쳐 주고 있다.

3장

'재미있고 즐겁게' 방법론

_경영자 편

어떤 정보라도 개방한다
그러면 사장은 편해진다

경영에 이익 비공개 같은 블랙박스를 만들면 안 된다.
사전에 노동분배율을 정해놓으면 직원과 대립할 일이 없다.
사장의 업무를 줄이기 위해
당신은 어떤 궁리를 하고 있습니까?

불쾌하게 들릴지 모르겠지만, "어떻게 하면 이지고잉easy-going(마음 편히) 경영을 할 수 있을까?"가 내 경영 화두다. 나는 '사장의 업무가 어떻게 하면 편해질까?' 줄곧 생각해왔다.

조합과의 양호한 관계

그래서 회사의 이익에 관한 것이든, 사장의 월급에 관한 것이든 정보는 전부 공개한다. 그리고 이익을 어떻게 분배할 것인지도 미리 정해놓았다. 노동분배율은 부가가치의 60퍼센트 이상, 임원 상여금은 세후 이익의 6퍼센트라고 약속했기 때문에 '이번 상여금은 얼마로 하지?'라고 일일이 고민하지 않아도 된다. 극히 단순하다.

이렇게 하면 노동조합과의 관계도 기본적으로 꼬이지 않는다. '이번에 발생한 이익을 보면 인건비를 올리자고 하는 게 바람직하지 않겠는데'라고 직원들 스스로 생각하게 된다. 그렇기 때문에 노동조합과는 기본급 인상에 관해서든 상여금 지급에 관해서든 거의 다툰 적이 없다.

가령 "임원이 이익의 6퍼센트를 받아가는 것은 좀 지나치다"는 의견을 내는 직원이 나타나더라도, 사전에 "호리바 제작소의 임원 상여는 6퍼센트입니다. 이래도 괜찮으면 입사해 주십시오"라고 공개적으로 제시하고 있기 때문에 "그게 싫으면 자네가 나가든가"라고 말해버린다.

회사 밖에도 정보를 개방한다. 1971년 주식시장에 상장했을 때부터 회사는 공적인 존재라고 생각했기에 좋은 것이든 나쁜 것이든 적극적으로 공개했다. 당시에는 언론은 물론 증권회사도 상장사의 정보를 공개하라고 지금처럼 까다롭게 요구하지 않았는데도 그렇게 했다.

게다가 세후 이익의 30퍼센트를 배당하겠다고 발표했다. '동종 업계 기업이 주주 배당을 12퍼센트로 올렸다. 우리는 그 회사보다 실적이 좋으니까 15퍼센트로 해야 하나? 아니 14퍼센트로 할까?' 매번 이런 것만 생각하고 있으면 너무 피곤해진다.

"호리바 제작소는 늘 30퍼센트를 주주에게 환원합니다."

이렇게 선언하는 편이 훨씬 편하다.

뱉어내면 마음이 편해진다

사내에 노동조합이 만들어진 것은 비교적 빠른 1958년의 일이다. 그런데 당시라면 이름만 대면 누구나 알만한 강경 노선의 노동조합 구성원이 우리 회사에 5명인가 6명인가 있었다. 내가 이지고잉 경영을 해야겠다고 생각한 것도 이때의 경험에서 비롯된 것이다.

매년 거듭해서 각자 시끄럽게 제멋대로 떠들어대는 직원이나 주주와 대립하는 것도 힘들고, 본디 자본과 경영, 노동이라는 자본주의의 3요소를 따르는 것이야말로 합리적인 이익 배분의 원칙을 따르는 것이기도 했다.

누가 보더라도 공평하다고 납득하지 못하면 자본주의는 제대로 기능하지 못한다. 그렇기 때문에라도, 그 이상도 아니고 그 이하도 아니라는 유일무이한 사실을 회사 안팎에 제시하는 것은 당연히 사장의 책무이다.

물론 실적이 안 좋으면 있는 그대로 말하기가 쉽지 않다. 그렇지만 경영자 혼자 끙끙거리며 고민하거나 노동조합과 다툴 필요가 없다는 것은, 역시 육체적으로든 정신적으로든 좋은 것이다. 경영자가 싸워야 하는 경우는 중요한 경영 판단이 필요한 제한된 몇몇의 경우로 충분하다.

TV의 형사 드라마에서 경찰이 범인에게 "자백하면 편해진다"고 하는 것과 마찬가지다. 사실을 고백한 범인이 다음 날부터 안심하고 잠을 잘 수 있는 것처럼, 경영자도 있는 그대로 뱉어내면 마음이 편해진다.

'그렇다 하더라도 정보를 개방하고 싶지 않다'고 생각하는 사장은 자신을 괴롭히면서 쾌락을 느끼는 마조히스트 같은 성격을 가졌다고 밖에 생각할 수 없다.

사장의 영향력은 절대적

사장은 많은 사람에게 영향력을 행사한다. 직원과 그 가족, 제품을 판매하거나 구매하는 거래처와 그 가족까지 범위가 어마어마하다. 아마 중소기업 사장이라도 수만 명의 사람에게 영향력을 갖고 있을 것이다.

"호리바의 상품을 취급할 수 있어서 너무 좋다", "호리바에 근무할 수 있어서 좋았다"는 평가를 받고 싶다. 거꾸로 "호리바와 관계를 맺어서 너무 끔찍했다", "저런 회사에 근무해서 인생을 망쳤다"는 말은 절대 듣고 싶지 않다.

자신 혼자만의 문제가 아니라 수만 명의 인생에 영향을 주기 때문에라도 사장이 솔선해서 재미있고 즐겁게 일해야 한다. 사장이 '너무 지치고 힘들다'고 생각하면 누구도 행복하게 할 수 없다. 그렇기 때문에 이지고잉 경영을 모색하는 것은 나쁜 것이 아니다. 오히려 매우 중요하다.

'경영자라면 먹고 자는 것을 뒤로 하고 열심히 일해야 한다'고 생각하는 사람이 일본에는 여전히 많은데, 그것은 잘못되었다. 그렇듯 힘들게 경영하지 않아도 된다. 보다 마음 편하게 일하는 방법을 당당하게 찾아도 좋다고 생각한다.

기름진 것 안 먹는다고 장수하지 못한다
건강의 비결은 스트레스 최소화다

경영자의 에너지가 넘쳐날수록 회사는 발전한다.
활력을 유지하기 위해서는 스트레스를 줄여야 한다.
일의 결과가 모든 것을 말해준다.
가능한 범위에서 적당히 하자.

이래저래 살다보니 벌써 90살이 되었다. 건강 비결에 대해 자주 질문을 받지만 특별한 것을 하지는 않는다. 중고등학생 시절에 일생 동안 할 분량의 가혹한 트레이닝을 맛보았기 때문에 그 이후 몸을 단련한 적은 한 번도 없다.

매일 수영이나 조깅을 하는 경영자가 많지만, 그런 것을 할 수 있는 사람은 저명인사 정도다. 벤처기업 경영자는 사람은 몸을 단련할 여유가 있으면 그 시간에 연구도 해야 하고, 자금도 끌어와야 한다. 해야 할 일이 산처럼 많을 것이다.

기름진 것이야말로 나의 활력

지금까지는 식사도 그냥 그때그때 먹고 싶은 것을 맘껏 먹었다. 원래 우리 집안에는 통통한 사람이 많다. 말하자면 살찌는 음식을 좋아한다. 소고기는 안심 따위는 절대 손도 대지 않는다. 등심만 먹는다. 생선도 기름이 있는 뱃살을 즐겨 먹고, 다랑어도 기름진 부위만 먹는다. 생선 알이나 연어 알 젓, 말린 청어 알은 사족을 못 쓸 정도다. 밥, 빵, 우동, 메밀 등 탄수화물도 마음껏 섭취한다.

젊었을 때야 여기저기 돌아다녔기 때문에 체중 증가를 억제할 수 있었지만, 60세가 넘으면서 섭취량이 소비량을 초과해 점점 비만 체질로 바뀌었다. 몸이 좀 불편해서 병원에 가면 어느 의사든 "식생활을 개선하십시오"라고 충고한다. 그렇지만 나는 완강하게 듣지 않았다.

식생활을 개선하면 우리 몸에 어떤 일이 일어날까? 의사는 "그거야 호리바 회장님, 우선 체중이 빠져 몸이 가벼워집니다. 그리고 병치레가 줄고, 수명도 늘어날 겁니다"라고 말하지만, 정말 그럴까?

내 주변에도 식사를 절제하던 경영자 동료가 여럿 있었다.

돼지고기는 비곗살이 제일 맛있는데, 그것을 일부러 안 먹기까지 했다. 그런데 어디까지나 내 친구로 제한해서 말하면, 예민할 정도로 식사를 관리하던 사람은 대체로 빨리 세상을 떠났다.

역시 과도하게 참는 것은 좋지 않다. 사람의 몸에 가장 안 좋은 것은 스트레스이고, 질병의 대부분은 스트레스에서 온다고 생각한다. 체중이 표준치보다 다소 높더라도 맛있는 음식을 즐겁게 먹고 '오늘도 대만족!'이라며 웃는 것이 건강에는 좋다고 나는 믿고 있다.

싫은 일도 생각하기 나름

마찬가지로 사장 업무를 볼 때도 되도록 스트레스가 쌓이지 않도록 주의했다.

나는 원래 기술자다. 잘난 척하는 거래처 구매 담당자에게 머리를 숙여가며 "우리 제품을 구매해주십시오"라고 영업하거나, 은행의 젊은 직원들에게 "돈을 빌려주십시오"라고 말해야 하는 것은 처음부터 정말 참기 힘들 만큼 싫은 일이었다. '나는 이런 일을 할 사람이 아닌데'라든가 '나는 기술자다'라고 생각하며 강한 체했다.

그런데 중소기업 사장이 영업 활동도, 자금 조달도 하지 않으면 회사는 망한다. 그렇기 때문에 앞에서도 언급했지만 어차피 해야 할 일이라면 재미있게 하자고 생각을 고쳐먹었다.

"내가 왜 은행 사람들에게 머리를 숙여야 하지?"라고 투덜투덜 볼멘소리하는 것을 그만두자. 어떻게 말을 잘해야 은행이 즐거운 마음으로 돈을 빌려줄 것인지를 생각하자. 그리하여 게임하듯 상대의 심리를 파고든다. 이렇게 하면 다양한 새로운 발견도 하게 되고 꽤 흥미로워진다.

또 매년 주주와 임원, 직원에게 이익을 어떻게 배분할지에 대해 생각해야 하는 것 역시 너무 부담스러웠다. 그렇지만 회사는 자본과 경영, 노동 등 3요소로 이루어졌기 때문에 경영자는 이 일에서 벗어날 수 없다. 그래서 세후 이익의 30퍼센트가 주주 배당, 6퍼센트가 임원 상여금, 직원의 임금은 부가가치의 60퍼센트 이상이라는 규칙을 만들었다.

노동조합과의 협상에도 이 규칙을 적용했다. 그래서 올해에는 거기에 얼마나 플러스할 것인지만 논의하면 되기 때문에 여간해서는 다툴 일이 없다. 주주와 임원에게도 "이번에는 실적이 안 좋아서 배당과 상여를 줄여야 할 것 같습니다"라고 일일이 설명하지 않아도 되기 때문에 정말 편하다.

"이익 배분을 뚜렷하게 명문화하는 것은 새로운 경영 기법 같습니다"라고 칭찬해주는 사람도 있지만, 그냥 단순하게 사장직의 스트레스를 줄이기 위해 미리 설명했을 뿐이다. 유감스럽게도 거기에 남다른 고상한 철학이 있었던 것은 아니다.

에너지 효율 극대화

내가 추구하는 기업 경영의 기본은 이지고잉이다. 되도록 편하게 경영하고 싶다. 그런데 일본에서는 '저 사람은 너무 쉽게 일을 처리한다'는 식으로, 그러니까 비꼬는 마음으로 보는 경향이 있다. 그렇지만 경영도 인생과 마찬가지로 이지고잉할 수 있다는 것은 중요한 능력 중 하나라고 생각한다.

똑같은 결과를 내는데 어떤 사람은 백 번 연습하고, 다른 사람은 다섯 번만 연습해도 할 수 있다면, 다섯 번 연습한 사람이 분명히 우수한 것이다. 20분의 1의 에너지를 써서 달성한 결과이기 때문이다. 그런데 일본에서는 그렇게 보지 않는 경우도 있다.

에너지 효율의 극대화와는 별개로 '노력하는 과정'을 미화하는 것이 일본인의 습성이다. 그중 가장 대표적인 사례가 올림픽이다. "참가하는 것에 의미가 있다", "졌지만 그 과정이 좋았다"라고 말한다. 허나 사실은 져서 속상하지 않을까? 괜찮다고 말하고 싶은 기분을 모르는 것은 아니지만, 승부이기 때문에 결국은 이기느냐 지느냐가 중요하지 않은가?

어떻게 힘을 빼고 적당히 목적을 달성할까? 일본인은 이런 태도를 싫어하지만, 나는 그렇게 하는 것이 좋다고 굳이 힘주어 말하고 싶다. 특히 경영자가 해야 할 일은 마음과 몸에 부하가 크게 걸리는 경우가 많다. 그렇기 때문에 되도록 힘을 빼서 스트레스를 줄이지 않으면 아무리 기름진 음식을 줄여도 빨리 세상을 떠나게 될 것이다.

세무서 사람은 이런 방법으로 쫓아낸다
무엇이든 홈그라운드에서 승부해야 한다

비즈니스도 홈 경기냐 원정 경기냐에 따라 영향을 받는다.
자신이 잘하는 분야로 끌어들이면
상대를 압도할 수 있다.
상대의 페이스에 말리는 사장은 생각이 부족한 사람이다.

나는 "세금을 안 내는 방법은 간단하다"고 자주 말하곤 한다. 예전에 오사카 세무서에서 "세금을 내지 않는다고요? 도대체 무슨 뜻이죠?"라고 묻길래, 기꺼이 찾아가 장황하게 연설을 늘어놓았다.

"세금은 아무리 많이 내더라도 수익의 절반입니다. 지금보다 두 배 수준의 수익을 내면 원래 내야 하는 세금은 실질적으로 공짜가 되지요."

이 이론을 들은 국세청 사람들은 어이없어 했다.

절세 대책을 짜기 위해 밤낮으로 고민하거나 세무서에 불만을 호소하는 것은 시간 낭비다. 그럴 시간이 있으면 기술 개발에 힘을 쓰는 편이 내 손 안에 남는 자금이 많아지는 결과를 낳는다. 그렇기 때문에 경영자는 사업에만 전념하면 된다. 이것이 내 경영 스타일이다.

맹렬하게 1년간 세무 공부

이런 입장을 견지하는 것은 좋지만, 경영자라면 누구나 한 번은 확실하게 세무에 대해 공부해두는 것을 권하고 싶다. 세무와 관련한 기초를 배워두면 터무니없는 생트집을 잡히더라도 자신 있게 상대할 수 있다.

세무서는 정말 귀찮은 존재다. 나도 젊었을 때는 세금에 대해 잘 몰라서 상대가 멋대로 행동해도 그냥 당해야 했다. 결국 너무 화가 나서 1년 동안 세무에 대해 필사적으로 공부했다.

이듬해에 세무서 사람이 와서 "호리바 사장님, 이건 경비로 인정이 안 되는데요"라고 여느 때처럼 말했다. 기다렸다는 듯이 "그건 좀 이상하군요. 세법 몇 조에 따르면 선생님 말씀이 틀린데요" 하고 법 해석에 대해 장황하게 설명해주었다.

몇 조의 무슨 내용이라는 말을 듣고, 그 자리에서 자세하게 해설할 수 있는 세무서 사람은 많지 않다. "선생님은 세무 전문가시죠? 어떻게 생각하세요?"라고 추궁했더니, "그게, 해석하는 방법이 여러 가지라서"라며 궁색하게 얼버무린다.

"그러면 지금 당장 세무서장님께 물어보러 같이 갑시다" 하니, "그렇게 하지 않아도 될 것 같습니다. 이만 돌아가겠습니다"라며 당황한 기색으로 황급히 자리를 떴다.

얼마 뒤 세무서로부터 '수정 신고 필요 없음'이라는 통지가 도착했다. 세무서에 "정말 납득하셨습니까? 더 설명이 필요하면 가겠습니다"고 전화를 걸자, "아닙니다, 일부러 오시지 않아도 됩니다"하며 완전히 꼬리를 내렸다.

그때는 정말 유쾌했다. 그 뒤 세무서는 트집을 잡지 않았다. 아마도 나는 요주의 인물 명단에 올랐던 것 같다.

주식 상장 회견에서 결점을 강조

상거래와 관련한 상법과 민법도 일부러 시간을 내서 제대로 공부했다. 예기치 못한 트러블이 생기면 "법률 몇 조에 따르면 그것은 법률 위반이 아닌가요?"라고 반론을 제기할 수 있기 때문이다. 법정에서 싸우면 반드시 이길 자신도 있다. "법으로 해결해볼까요?"라고 몰아세우면 상대는 거의 대부분 포기하고 물러선다.

무엇에 대해서든 이치를 따지는 나 같은 경영자는 환영받지 못한다고 생각한다. 그렇지만 남이 하라는 대로 움직이는 것은 유쾌한 일이 아니다.

자신이 주도권을 잡으려면 어떻게 해야 하는가에 대해 나는 늘 생각한다. 자신이 강한 분야에서 싸우고, 의식적으로 자신이 우위에 설 수 있는 분위기를 만든다. 바꿔 말하자면 홈그라운드로 상대를 끌어들이는 것이다.

1971년에 우리 회사가 주식시장에 상장했을 때의 기자회견도 그랬다. 나는 인사말을 시작하면서 가장 먼저 우리 회사의 결함에 대해 말했다.

"어디에도 뒤지지 않는 개발력이 있으며, 신제품 관련 아이디어도 많이 가지고 있습니다. 이런 측면에서는 절대적인 강점을 가지고 있지만, 판매망은 아직 구축하고 있고, 생산기술도 일류라고 생각하지 않습니다. 호리바 제작소는 그런 결함이 있는 회사입니다. 그렇기 때문에 상장으로 얻어지는 자금으로 판매망을 정비하고, 생산기술도 강화할 생각입니다. 이것이 바로 상장의 목적입니다."

홈그라운드에서의 시합은 즐겁다

주식 공개를 대행했던 증권회사 사람들의 얼굴이 일제히 파래졌다.

"호리바 사장 말이야, 회사를 상장한다면서 회사의 결함을 먼저 말하다니! 당장 주가가 내려갈 거야!"라고 말하고 싶은, 못마땅하다는 매서운 눈초리로 나를 흘겨보았다.

그랬지만 기자들의 반응은 꽤 괜찮았다.

"상장 회견에서 자사의 결점을 꺼내는 사장은 처음이군. 보통 사장들은 자사의 자랑을 늘어놓기 일쑤고, 이쪽에서 추궁하면 그제서 마지못해 약점을 털어놓잖아. 호리바 사장은 재미있는 사장이야."

바로 그런 반응을 노렸던 것이다. 경영자가 자사의 결함을 충분히 알고 있고, 그 결함을 보완하기 위해 상장한다. 이는 이쪽에서 먼저 말하느냐, 아니면 기자가 추궁하면 말할 것이냐의 차이다. 당연히 이쪽에서 먼저하면 회사를 잘 운영해보겠다는 열의가 전달된다. 설득력이 전혀 다르다.

게다가 우리 회사가 만드는 제품은 소비자에게 잘 알려진 화려한 것도 아니고, '분석기'라는 딱딱한 기계다. 당시에는 pH미터라는 말조차 그다지 알려지지 않았던 시대였다.

그랬는데 내 말 한마디로 일반인들이 순식간에 분석기라는 존재를 친근하게 여기기 시작했다. 이것이 바로 상대를 자신의 홈그라운드로 끌어들이는 기술이다.

우리는 축구 경기 때 홈 경기와 원정 경기에서 놀랄 정도로 실력 차이가 발생하는 것을 종종 목격한다. 이와 마찬가지로 자신이 유리하도록 창의적인 생각을 하면 경영도 인생도 모두 잘 풀리고, 무엇보다 재미있어진다.

아무리 노력해도 일이 잘 풀리지는 않아 고민하고 있는 사람은 상대 진영에서 원정 경기를 하고 있는지도 모른다.

거래처를 행복하게 하면
자신도 반드시 행복해진다

상대에게 무리한 것을 강요하면 결국 자신이 힘들어진다.
돈을 즐겁게 벌고 싶으면
먼저 상대가 벌 수 있게 해주는 것이 좋다.
돈을 벌고 싶다면 겉치레가 아닌 윈윈 관계를 구축해라.

거래처가 저렴하고 좋은 물건을 만들기를 바란다면, 그 거래처를 기쁘게 하면 좋다. 상대의 목을 졸라 가격을 후려치는 것보다 훨씬 더 간단하다.

호리바 제작소는 약 3,000개에 달하는 협력사를 보유하고 있다. 우리 회사는 매년 두 번 이 협력사들에 앞으로 반년간의 생산 계획을 알려준다. "반년 동안 호리바 제작소는 이 상품을 이만큼 만들 계획이니 확실하게 준비해두오"라고 당부한다.

협력사가 정말 곤란해하는 것은 갑작스런 주문이다. "지난 달에는 100개였지만, 이번 달에는 두 배인 200개를 만들어 주시오"라고 갑자기 변경하면 그들은 철야 작업으로 대응해야 한다. 잔업을 하게 되면 인건비가 늘어나고, 의뢰한 물품의 원가도 상승한다.

이 추가 비용을 우리 회사가 부담하면 우리가 손해를 보고, 협력사가 부담하면 협력사의 이익이 줄어든다. 협력사에 이익이 쌓이지 않으면, 협력사는 새로운 설비를 갖출 수 없고, 정밀도가 떨어지는 구식 기계를 계속 사용해야 한다. 이 래서는 좋은 물품을 만들 수 없고, 그것을 구입하는 우리 회사도 곤란해진다.

유명 회사에 보복하다

결국 상대를 곤란하게 하면 돌고 돌아 자신에게 돌아온다. 그렇기 때문에 호리바 제작소는 생산 계획을 협력사에 공개한다. 이렇게 하면 협력사는 생산량을 평준화할 수 있기 때문에 안정적으로 작업할 수 있고, 원가도 내려가 충분한 이익을 얻을 수 있다.

지극히 당연한 이치이지만 상품별 생산 계획을 구체적으로 공개하는 기업은 적다. 생산 계획이 경쟁사에 노출되면 불리해질 수 있기 때문이다.

그럼에도 위험을 무릅쓰고 나는 정보를 공개한다. 그렇게 하는 것이 자신에게 유리하고, 협력사 또한 '호리바 제작소와 일을 하면 이익이 발생하니까 더 분발해야지'라고 생각하게 해준다.

상대가 잘해주면 그에 보답하려 하고, 반대로 괴롭힘을 당하면 복수를 생각하는 것이 인지상정이다.

예전에 어느 유명 회사가 신제품 샘플을 하나 만들어달라는 주문을 해서 수락했다. 그랬더니 그걸 우리 경쟁사에 보내서 절반 가격으로 만들도록 의뢰했다. 연구 개발비가 전혀 들어가지 않았기 때문에 그 경쟁사는 절반 가격으로도 수익을 낼 수 있었을 것이다.

너무 화가 나서 복수해줬다. 전 세계에서 유독 호리바 제작소만 만들 수 있는 계측기가 많이 있다. 그중 하나를 그 대기업이 구입하고 싶다고 했는데, "죄송합니다. 주문이 밀려서

납기가 6~9개월은 걸립니다"라고 회신했다.

사실은 3개월이면 충분했다. 공교롭게 새로운 계측 방법으로 변환하는 시점이었기 때문에 그 기업에서는 해당 계측기가 반드시 필요했다. 그 대기업 담당자가 "어떻게 안 되겠습니까?"라며 조급하게 굴었지만 모른 체했다. 협력사를 괴롭히면 반드시 앙갚음한다.

후계자 교육

우리 회사의 입장은 '호리바 제작소 이외의 기업과도 자유롭게 거래함으로써 스스로 성장해주십시오'이다. 단 하나의 납품 기업에 꾸벅꾸벅 머리를 숙이면서 밥을 벌어먹다보면 그 경영자의 생각이 굳어지기 때문에 좋지 않다.

호리바 제작소와 일을 하면서 쌓인 노하우를 이용해서 다른 회사의 일도 하면 지금보다 더 이익을 낼 수 있을 것이라고 말한다.

부품에 대한 기술 정보가 다른 회사로 유출될 우려가 있지만, 마지막 마무리 단계에서 자사만이 할 수 있는 독자적인 기술이 있다면 괜찮다.

협력사가 세대 교체를 하게 되면 후계자를 불러 연수도 해준다. 재무제표를 보는 방법 등 경영의 기본에서부터 "이런 점을 주의하면 거래가 끊기는 일은 없을 것"이라고 장사하는 사람들의 비장의 무기까지 가르쳐준다. 이런 방법으로 협력사와 사귀고 있기 때문에, 내가 창업했을 무렵부터 거래를 시작한 기업 대부분이 50~60년 동안, 손자 세대에 이르는 지금까지 관계를 유지하고 있다. 사업이 번창했을 뿐만 아니라 기술력은 물론 가격경쟁력도 높게 유지하고 있다.

그리고 협력사가 자금을 조달할 때는 "새로운 설비로 만든 부품은 우리 회사가 구매합니다. 책임을 지고 상환할 수 있도록 하겠습니다"라고 금융기관에 전화를 걸어준다.

금융 위기가 닥쳤을 무렵에는 호리바 제작소와 협력사가 함께 예금을 적립해놓고, 자금을 필요로 하는 회사가 이 예금을 담보로 금융기관으로부터 자금을 대출받는 상호 지원 시스템도 만들었다.

자원봉사가 아니다

칭찬을 해주는 사람도 어쩌다 있다.

"호리바 회장님은 마음씨 좋은 경영자네요. 협력사에 그렇게까지 정보를 공개하고 경영을 지원하는 것이 간단한 일이 아니잖아요."

아니다. 앞에서도 언급했듯이 나는 훨씬 더 타산적이다. 내가 편하게 경영을 잘하려면 상대를 화나게 하거나 괴롭히는 것보다 기쁘게 해주는 게 좋다는 것을 깨달았을 뿐이다. 단순히 자원봉사 정신으로 경영하는 것이 아니다.

어찌 보면 이것은 여자 친구를 만들 때와 비슷해서 나에게는 비교적 간단한 일이다. 여성에게 너무 강하게 나가면 틀림없이 도망간다. "사귀어달라"고 강하게 다가가는 대신 별로 비싸지 않은, 작은 선물을 주면서 "너뿐이다" 이렇게 말하면 여성은 반드시 호의를 가져준다.

여자와 사귈 때에도 장사할 때에도 상대에게 무리한 난제를 요구하기보다 상대를 기쁘게 해서 윈윈의 관계를 구축하는 것이 관건이다. 한쪽이 행복한데 다른 한쪽은 불행하다면, 그 관계는 어느 세계에서나 절대 오래가지 못한다.

'모든 것은 내 책임'
그것은 최고의 말이다

오너 경영인은 모든 책임과 권한을 가지고 있다.
그렇지만 많은 경영자가 그 권한을 행사하지 않는다.
책임에서 벗어나려고만 하면 경영을 즐길 수 없다.

오너 경영인이 해야 할 일에는 어떤 것이 있을까? 대주주
로서 투자자의 입장에서 회사를 감시하면서 경영자로서 회사
의 미래를 좌우할 결단을 내린다. 게다가 많은 경영자가 대출
금에 대한 개인 보증도 지고 있다.

옛날 해군 함장은 배가 가라앉을 때가 자신이 죽을 때라고
각오했다. 오너 경영인도 마찬가지다. 경영의 모든 책임을 지
고 있으며 도망갈 수도, 숨을 수도 없다.

권한 행사는 절대 조건

모든 책임을 지는 대신 모든 권한을 가지고 있다. 직원에게 권한을 일부 위임했더라도, 그것을 결정하는 것도 역시 오너 경영인이다. 책임과 권한은 일대일의 보완관계에 있다. 어느 한쪽이 일방적으로 큰 경우는 있을 수 없다.

반면 급여를 받는 전문 경영인은 혼자서 경영하는 것이 아니기 때문에 중요한 결단을 내릴 때 대주주와 간부 등과 논의해야 한다. 때문에 감원 이후 적자가 이어지는 상황에서 마침내 어느 은행에서도 대출을 할 수 없는 막다른 곳으로 몰리지 않는 한 좀처럼 결단을 내리지 못한다.

오너 경영인은 이대로라면 5년 안에 회사가 어려워질 것이라고 생각되면 그 시점에서 과감하게 결단을 내릴 수 있다. 책임이 뒷받침되는 권한을 행사하는 사람이야말로 단순한 대주주가 아니라 진정한 오너 경영인이다.

도망갈 방법을 마련해놓지 마라

나는 회사를 세웠을 때부터 오너 경영인의 본분을 자각하고 있었다. '책임으로부터 벗어날 수 없다'는 수동적 자세가 아니라 주체적으로 '책임에서 벗어나지 않겠다'고 강하게 의식하고 있었다.

위험한 사업에도 적극적으로 도전하고 있다. "이렇게 재미있는 일을 시켜주는데, 너희들은 월급까지 받아갈 거냐? 나한테 돈을 내야 하는 것 아니냐"고 지금도 농담을 한다.

애당초 일본인은 위험 관리를 제대로 이해할까? 나는 그렇지 않다고 생각한다.

물론 무모한 도전을 해서는 안 된다. 그렇기 때문에 위험을 무릅쓰고 했을 때 생길지도 모르는 손해를 되도록 억제하는 방법을 생각해야 한다. 그런데 많은 경영자는 위험한 일을 하지 않는 것이 가장 좋은 위험 관리라고 오해하고 있다.

조금 위험한 일이 닥쳐오면 "나는 내키지 않는데, 주변의 압력 때문에 결단했다"며 도망갈 길을 미리 만들어놓는다. 직원들에게도 "이거 실패하면 곤란하거든. 너 제대로 해줘야 한다!"고 못을 박는다. 이렇게 해서는 도저히 직원이 재미있게 일할 수가 없다.

더구나 오너 경영인은 커다란 위험을 무릅써야 한다. 그럼에도 위험한 일에는 손을 대지 않는 사람을 보면, 도대체 무엇 때문에 오너 경영인 자리에 있는지 궁금하다.

'모든 책임을 지는 것이 싫다'는 사람은 경영자 자리에서 내려오는 것이 좋다. 그렇지만 누구나 일생에 한번쯤은 "무슨 일이든 내가 책임질 테니 맘껏 한번 해봐라"는 말을 해보고 싶어한다고 생각한다.

이런 말을 할 수 있는 것은 오너 경영인에게만 주어진 특권이다. 최고로 멋있는 모습 아닌가?

부하에게 일을 시켜놓고 곤란한 일이 생기면 바로 사다리를 치워버리는 상사가 부하에게 "걱정마라, 무슨 일이 생기면 내가 책임진다"고 당당하게 말하는 모습을 보면, 미안하지만 웃기지도 않는다. 오너인 내 입장에서 보면 "너는 절대 책임을 지지 못할 걸"이라고 말하고 싶어진다.

누구에게나 결단 내리기는 무섭다

무엇인가를 결정하는 것은 틀림없이 무섭기 마련이다. 극단적으로 말하면 신제품 발매는 도박과 비슷하다.

오너 경영인이 회사 이름을 걸고 새로운 것을 하는 것과, 개인적으로 도박에 큰돈을 거는 것은 종이 한 장 차이다. 별반 큰 차이가 없다.

물론 자신의 사욕을 채우기 위한 도박과는 목적이 다르다. 그렇지만 어느 쪽으로 굴러갈지 알 수 없다는 점은 도박과 비슷하다. 중요한 결단을 내리기 위한 조건 따위는 도저히 논리적으로 설명할 수 없기 때문이다.

이쪽 방향으로 추진하면 틀림없이 성공하고, 저쪽으로 가면 실패하는 것처럼 분명한 선택지 같은 것은, 경영의 세계에는 없다.

모두가 확률 게임이다. 여러 가지 자료를 모아, 이쪽으로 추진하면 성공할 확률이 높을 것 같다면서 결정하는 수밖에 없다. 하는 것이 안 하는 것보다는 낫다. 그 정도의 논리다.

그렇지만 아무리 무서워도 결정해야 한다. 직원의 의견에 귀를 기울이지 않는 유아독존의 태도는 좋지 않지만, 자신이 납득하지 못한 채 결단해서도 안 된다. 충분히 고민한 뒤 '이거다!' 하고 정한 다음에는 단숨에 추진해야 한다.

앞으로는 오너 경영인이 유리하다. 전문 경영인은 결단을 늦게 내리는 경우가 있기 때문에 스피드가 요구되는 환경에서는 치명적인 약점을 보이기 때문이다. 그래서 전문 경영인의 그러한 결점이 실제 실적 악화 등으로 이어진다는 사실을 깨달은 대기업에서는 진취적인 '오너 성향의 후계자'를 최고 경영자 자리에 앉히려고 한다.

오너 경영인의 장점, 특권, 참맛이 무엇인지를 재인식해야 한다.

사장이 많은 보수를 받는 것은
책임의 무게가 다르기 때문이다

사장된 자여, 많은 보수를 당당하게 받아라.
경영자가 하는 일을 생각하면 그것은 당연한 권리다.
도움이 안 되는 사장일수록 보수를 낮추려 한다.

경영자 여러분, 자신의 보수는 확실하게 챙기고 있는가? 물론 회사를 시작했을 무렵은 자금 사정도 어렵고, 그럴 상황이 아니었을 것이다.

우리 회사도 창업 후 잠시 힘들었다. 직원들에게 "미안하다, 급여일에 월급의 60퍼센트만 지급한다. 나머지 40퍼센트는 수금을 완료하면 지급하겠다"고 사과한 적이 여러 번 있었다.

사장인 자신의 보수는 당연히 직원에게 지급하고 남는 부분에서 챙긴다. 아내에게 "이번 달은 무리일 것 같아. 월급을 가져올 수 없었어. 잘 부탁해." 이렇게 말하며 머리를 숙인 일이 셀 수 없이 많았다.

아내도 어려웠을 것이라고 생각한다. 나 몰래 친척들에게서 도움을 받았을지도 모른다. 아내는 자금을 조달하기 위해 돌아다니는 내 모습을 바로 옆에서 봤다. 본능적으로 '이번 달은 어렵겠는데'라는 것을 알게 되면 그런 달은 미리 변통해서 가계를 꾸려나갔던 것 같다.

대기업 사장보다 많은 연봉

자금 사정이 좀 나아져 한숨 돌릴 수 있게 된 것은 창업 후 5년째였던 것 같다. 실적이 안정되자 나도 보수를 넉넉하게 많이 챙겼다. 중소기업 사장치고는 상당한 고액이었다. 이것이 문제가 되어 한바탕 말썽이 일어난 적이 있다.

오래전 대형 전기업체가 호리바 제작소의 대주주였던 시기가 있었다. 출자하는 조건으로 임원을 파견하겠다고 해서 허락했다. 그런데 파견 나온 임원이 얼마 뒤 크게 화를 냈다.

"이렇게 게딱지만 한 회사의 사장 월급이 우리 사장님 월급과 얼마 차이가 안 난다니, 몹시 괘씸하군요."

무슨 당치 않는 말인지! 너무 화가 나서 이렇게 말해줬다.

"그건 당신네 사장이 역할을 인정받지 못해서가 아니오? 내가 없으면 호리바 제작소의 이익은 지금의 5분의 1도 안 될 거요. 이익의 몇 퍼센트를 받는 것이 뭐가 나쁩니까! 당신 회사는 규모는 크지만, 이익에 대한 사장의 역할은 기껏해야 1만 분의 1 아니오?"

그 임원은 분해하면서 입을 닫았다.

보수 삭감으로는 부족하다

일본의 대기업 사장은 노동자의 연장선에 있다. 실제로 대부분의 사장이 밑에서부터 올라온 사람들이라 오너십도 없다. 5년 정도 지나면 뭔가 못된 짓을 하고 TV 카메라 앞에서 "죄송합니다"라며 머리를 숙이고 사임한다. 보수를 많이 받고 싶어도 그에 부합하는 역할을 하고 있지 않은 것이 실제 현실일 것이다.

내가 제일 부아가 치미는 것은 "실적 악화의 책임을 지고 내가 보수 일부를 삭감하겠습니다"라고 말하는 사장이다.

정말 감봉이 면죄부가 된다고 생각할까? 게다가 그것을 새삼스레 대대적으로 발표하니까, 보고 있는 내가 다 창피하다.

물론 100억 엔 정도의 보수를 받는 사람이 몇 개월분을 삭감하면 수십억 엔이 회사에 남으니까 그나마 용서가 된다. 그런데 급여 일부를 감봉하는 사장치고 큰돈을 받는 경우는 극히 드물다.

그렇다면 왜 그런 현상이 나타나는가? 그것은 그에게 책임감이 없기 때문이다. 지속적으로 이익을 창출해서 주주와 직원 들에게 환원하는 것이 경영자의 책임이다. 그 막중한 책임의 무게를 제대로 이해하지 못하기 때문에 '내 월급을 깎을 테니 용서해달라'처럼 바보 같은 생각을 하게 되는 것이다. 머릿속에 형태만 번드르르한 체제를 갖추겠다는 생각밖에 없다.

요컨대 그런 사람은 경영자가 아닌 것이다. 직함에는 '사장'으로 적혀있지만 실제로는 봉급을 받는 사람일 뿐이다. 직원들은 '사장 월급이 깎여서 참 쌤통이다'라고 생각하지 않는다. '감봉하지 않아도 좋으니 회사를 다시 바로 세워주면 얼마나 기쁠까'라고 생각한다. "죽을 각오로 V자로 회복하는 모습을 보여드리겠습니다!"라고 큰 소리로 선언하는 것이 경영자다운 모습이 아닐까?

금액보다 근거

기업 규모 등에 따라 사장 급여도 정해지는 경향이 있지만, 그런 것은 의미가 없다. 그렇다고 해서 책임을 다하는 경영자는 얼마를 받아도 상관 없는가 하면, 그것 역시 틀리다.

사장 급여를 생각할 때 중요한 것은 금액이 아니라 산출 근거다. 가령 '이익의 몇 퍼센트'라고 미리 정해놓으면 누구도 트집을 잡지 못한다.

앞에서도 언급했지만 호리바 제작소는 도쿄 증권거래소 2부에 상장했던 1974년에 세후 이익의 6퍼센트를 임원 상여금, 30퍼센트를 배당, 그리고 직원 임금은 부가가치의 60퍼센트 이상을 확보한다는 규칙을 만들었다. 자본과 경영, 노동 간에 이익을 어떻게 배분할 것인지 명확하게 정한 것이다.

산출 근거가 알기 쉽고, 더불어 공개되어있다. 이러한 이익 배분을 납득하는 사람만이 직원이 되고 주주가 되어주면 된다. 배분 비율이 많다, 적다라고 한다면, "네, 다른 회사 알아보세요"라고 말한다.

'올해에는 많이 벌었으니까 임금 총액을 2000만 엔 증액해 볼까?'라든가 '내년에는 설비 투자를 해야 하니까 직원 상여는 올리지 말자' 등 혼자 고민하는 비밀주의 경영자도 적지 않다. 이런 경영자는 직원 입장에서 보면 즐겁지 않다.

미국의 경영자 보수도 일률적으로 높다고 생각하지 않는다. 가령 200억 엔의 적자를 내던 회사를 흑자로 전환시킨 경영자가 있다면, 200억 엔의 10퍼센트인 20억 엔 정도를 받는 것은 전혀 이상하지 않으리라.

허나 산출 근거도 없고 회사가 큰 적자를 보는데 급여를 수십 억 엔이나 받아가면, 미국 직원들도 화가 날 것이다.

중소기업의 오너 경영인도 급여를 더 받으려면 산출 근거를 명확하게 하는 것이 좋다. 경영자의 책임을 자각하기 위해서라도, 이는 반드시 필요하다고 생각한다.

아침부터 리듬이 안 좋은 날에는
중요한 판단을 하지 않는다

중요한 경영 판단을 하는 순간에는
누구나 아주 두렵기 마련이다.
게다가 그런 안건일수록 논리만으로는 해답을 찾기 어렵다.
컨디션을 조절해서 기분이 좋을 때 결단하면 실수가 적다.

오른쪽으로 가야 하나? 아니면 왼쪽으로 가야 하나? 앞으로 갈까? 이대로 멈춰 설까? 결정을 내리는 일은 정말 어렵다. A가 정확하다는 확률이 100이고, B가 정확하다는 확률이 0인 것처럼, 흑백이 분명하다면 누구라도 판단할 수 있다. 그렇지만 이런 판단은 회사로 치면 젊은 직원이 주로 하는 일이다.

같은 맥락에서 80대 20의 판단을 하는 것이 계장의 일, 과장은 60대 40, 부장쯤 되면 55대 45 정도의 어려운 판단을 해야 한다. 그렇지만 사장에게 요구되는 판단은 A가 옳다는 확률이 50.0001이고, B가 옳다는 확률이 49.999정도인, 정말 미묘한 차이밖에 없는 경우가 대부분이다.

A는 꽤 괜찮아 보이기는 하지만 잘못하면 최악의 사태에 직면할지도 모른다. B는 위험 부담은 적지만 뭔가 좀 부족한 듯하다. 아무리 자료를 모아봐도 어느 쪽이 정답인지 잘 모르겠다. 주로 이런 안건이 사장에게 올라온다.

자신의 판단 여부에 따라 얼마나 많은 사람이 영향을 받을까를 생각하면 누구라도 덜컥 겁이 날 것이다. 나 역시 겁이 났다. 직원들에게는 가족이 있다. 우리 회사를 도와주는 거래처들도 있다. 물론 고객들도 존재한다. 내가 치명적인 판단 실수를 해서 호리바 제작소에 만의 하나 큰일이 벌어지면, 이 모든 사람들에게 헤아릴 수 없는 폐를 끼치게 되는 것이다.

그렇지만 아무리 고민해봐도 50.001대 49.999의 확률이라면, 합리적인 판단을 하는 것은 결코 불가능하다. 그래서 내가 중요하게 생각하는 것이 리듬이다.

안 좋은 컨디션이 실수의 근원

예전에 어느 개발 안건이 실패했었다. 완성하면 흥미로운 상품이 될 것 같았는데, 개발을 추진하려면 다른 회사가 보유한 특허 기술이 좀 필요했다. 그 회사에 은밀히 타진해봤더니, 특허 사용료가 내가 상상했던 것보다 한 단위나 높았다.

막대한 투자를 했는데도 혹시나 팔리지 않으면 어쩌나 주저하다가 결국 나는 포기했다. 그런데 얼마 뒤 다른 업체가 그 특허를 사서, 우리 회사가 만들려고 했던 바로 그 상품을 출시했을 뿐만 아니라 크게 히트했다. 감쪽같이 당했다 싶었고, 크게 후회했다.

왜 그때 내가 결단을 주저했을까? 돌이켜보니, 그때 1개월 정도 컨디션이 좋지 않았다. 병치레를 한 것은 아니지만 몸 상태가 계속 안 좋았다. 컨디션이 나쁠 때, 그것도 최악의 날에 판단을 한 것이었다.

그전에는 물론 그 후에도 내가 그렇게 약하게 마음을 먹었던 적은 없었다. 그때는 아마 본능적으로 이 이상 힘든 일은 피해야겠다고 생각했던 것 같다. 개발을 추진하기 시작하면 부수적으로 내가 신경 써야 하는 것들이 적지 않게 발생하기 때문이다.

나이를 먹은 많은 사장들 중 대부분이 보수적으로 변하는 것도 같은 논리로 설명할 수 있다. 젊을 때야 미국이든 어디든 달려갔지만, 나이가 들면 그렇게 하는 것이 쉽지 않다. 그래서 도전적인 판단을 피하는 경향이 나타나기 쉽다.

리듬을 새롭게 하자

이 실패를 경험한 뒤 중요한 경영 판단을 할 때에는 정신적으로나 육체적으로나 상태가 좋은지를 반드시 확인하는 습관을 가지게 되었다.

컨디션이 좋지 않은 날뿐 아니라 머리가 맑지 않은 날, 어쩐지 기분이 좋지 않은 날에는 판단을 다음 날 이후로 연기한다. 가급적 자신이 좋은 리듬을 탈 때 판단하는 것이다.

나는 이 리듬을 상당히 중요하게 생각하고 있고, 리듬이 흐트러졌다고 느끼면 의식적으로 좋았던 제자리로 돌아가려고 노력한다. 가령 아침에 일어나면서부터 하나부터 열까지 매끄럽게 일이 풀리지 않는 날이 있다.

간단한 용무를 서둘러 끝내려고 했는데 생각지 못한 방해 요인이 생기거나, 출근하는데 늘 쌩쌩 달리던 길이 정체가 돼서 지각을 하는 경우 말이다. 이처럼 리듬이 좋지 않은 날에는 대체로 회사에서도 일이 밀려 다른 일도 자꾸 늦어진다.

이럴 때 나는 하루 스케줄을 다시 짜서 새로운 기분으로 임한다. 갑작스럽게 "이 회의는 오늘 안 한다"고 하면 비서는 하얗게 질릴것이다. 하지만 리듬을 타지 않으면 그릇된 판단을 할 가능성이 높아진다.

마지막은 호불호

컨디션을 조절했으면 그다음은 과감하게 결정하는 일만 남는다. A인지 B인지를 결정할 때 분명한 논리가 발동하지는 않는다. 오히려 결정을 좌우하는 것은 호불호好不好가 아닌가 한다. 튀김과 초밥 둘 다 좋아하지만 오늘 점심은 튀김을 먹고 싶다는 것과 같다. 결단의 순간은 호불호의 느낌에 가까운 자신의 감에 맡기면 된다.

물론 나도 그동안 적지 않은 판단 실수를 했다. 오랫동안 경영을 하노라면 모든 판단 과정에서 정답을 찾는다는 것은 불가능하다는 것을 깨달으리라. 그래서 내가 결정했으니까 성공하든지 실패하든지, 마지막은 하늘의 뜻이라고 선을 긋고 있다.

제일 안 좋은 것은 '결정하지 않는 것'이다. 잘난 척하며 이렇게 말하고 있지만, 사실 나도 창업했을 무렵에는 결정하지 못했던 적이 자주 있었다. 당시 사무를 담당했던 아내에게 "당신은 어떻게 생각해?"라고 자주 묻곤 했다.

이럴 때 아내는 "당신은 어느 쪽이 좋은 것 같아요?"라고 되묻는다. 그러면 내가 "이쪽이라고 생각해"라고 하면, "그러면 그렇게 하면 되잖아요"라고 일축해버린다. 마음속으로는 이미 정해놓았음에도 누군가가 등을 밀어주기를 바라고 있었던 것이다.

사장이 해야 할 최상의 업무는 '결정하는 것'이다. 결정하는 일을 질질 끌어 뒤로 미루고만 있으면 무엇 때문에 회사에 사장이 존재하는지 알 수 없게 된다.

호리바 집안의 지분은 30퍼센트
이 수준에서 회사를 시작했던 것이 정답

창업자였지만 지분은 적었다.
그래서 회사 외부의 엄격한 주주들이
회사의 골격을 바로잡았다.
끝까지 파고드는 경영을 하고, '가업※※'과는 연을 끊는다.

자기자본 100퍼센트로 창업하면 내 마음대로 재미있게 경영을 할 수 있다는 사람이 있는데, 그런 생각은 위험하다고 본다. 내게 행운이었던 것은 호리바 제작소라는 회사를 내 돈으로 세우지 않았다는 점이다.

수주 목적 접대비를 철저하게 추구

1953년에 주식회사로 전환했을 때, 내 지분은 겨우 10퍼센트에 불과했다. 70퍼센트가 교토에서 활동하는 재계의 여러 지인으로부터 모은 돈이었다. 부친이 20퍼센트의 지분을 가졌지만, 그것을 합하더라도 호리바 집안의 지분은 30퍼센트 밖에 안 되었다.

주주 중에 두 명이 사외 이사, 한 명이 감사를 맡았고, 나는 매달 열리는 임원 회의에서 지난 달 결산과 이번 달 수지 계획을 발표했다. 회사 설립 1개월 만에 월말 결산을 하기 시작했던 것이다.

당시 그 임원 회의는 정말 엄격했다.

특히 감사를 맡았던 사람은 조금의 타협도 용납하지 않았다. 고객과 술을 한잔하러 가서 내가 회사 경비로 처리했더니, 다음 달 임원 회의에서 야단이 났다.

"이 돈, 목적이 뭔가요?"

"그러니까 그게, 수주를 받기 위해서였습니다. 조금만 더 노력하면 될 것 같아서."

그런 적당한 이유로 봐줄 정도로 호락호락하지 않았던 감사는 경비에 대해 그 후로도 줄곧 추궁했다.

"수주 목적의 접대비가 있는데, 그 수주는 성공했나요?"

"아니요, 아직입니다."

3개월이 지나도 수주해오지 못하면 "도대체 당신의 돈 씀 씀이를 알 수가 없소. 접대를 해도 주문으로 이어지는 경우는 겨우 20퍼센트잖소. 이런 쓸모없는 접대비는 용납할 수 없소" 라고 호되게 혼을 냈다. 완전히 '꼼짝달싹 못하는 상태'였다.

아내는 회사 밖으로

게다가 그 주주들은 "공인회계사를 붙이시오"라고 요청했 다. 일본에 공인회계사 제도가 만들어진 것은 우리 회사가 설 립되기 5년 전의 일이다. 교토에 아직 회계사가 몇 명밖에 없 던 시대였다.

회계사의 고문료도 터무니없이 비싸서, 내 월급의 3배에 달했다. "사장인 내가 제일 열심히 하고 있는데 너무 잔인한 거 아닌가요?"라고 주주에게 불평을 늘어놓았더니, "당신이 지금보다 더 많은 월급을 받을 수 있도록 돈을 벌면 되지 않 소"라고 일축했다.

세세한 취업 규칙도 기업 규모와 상관없이 필요하다고 해서 일치감치 제정했다. 만사가 이런 식이었다.

그러나 이 덕분에 수년 뒤 주식시장에 상장할 때는 편했다. 주위 사람들로부터 "상장하려면 사내 체제를 정비해야 하니까, 여러 가지로 힘들겠어"라고 걱정해주는 말을 들었지만, 상장에 따르는 진통은 전혀 없었다.

애당초 주식시장에 상장하겠다는 목표를 세운 것도 주주에게 "이렇게 출자를 해주셨는데, 어떻게 은혜를 갚아야 할지 모르겠습니다"라고 이야기하자, "그야 상장해서 주식을 비싸게 팔 수 있으면 제일이지"라는 말을 들었기 때문이었다.

그 후에 증자할 때마다 그 당시 주주의 지분은 줄어들었지만, 회사 설립 당시 이런 환경에 처해있었던 것이 큰 공부가 되었다. 무엇보다 고마웠던 것은 회사가 '가업'에서 '기업'으로 바뀔 수 있었던 것이다.

우리 회사도 창업 당시에는 전형적인 가내공업이었다. 공장 안쪽 숙직실에 가족과 함께 거주하면서 경리 등의 업무는 아내에게 맡겼다. 현 사장(장남 호리바 아쯔시)도 이 기숙사에서 태어났고, 거기서 초등학교를 다녔다.

그렇지만 회사 조직으로 바꾸고 얼마 지나지 않아 우리 가족 모두는 숙직실에서 나왔고, 아내도 회사 일에서 완전히 손을 떼었다.

"당신은 애들을 키우고, 나는 밖에서 일합시다. 역할을 분담하고 서로 간섭하지 맙시다"라고 단호하게 말했다.

아내가 경리를 보고 있으면 남편이 쓸데없는 곳에 돈을 쓰지 않는 등 좋은 측면도 있다. 그렇지만 경영의 근본은 자본과 경영과 노동이라는 3요소가 '윈윈윈'의 관계를 맺도록 하는 것이다.

경영자가 매달 확실하게 이익을 내고, 그 내용을 주주와 직원에게 공지하고, 이익을 분명히 환원하면 사업은 잘 돌아간다. 이 논리에 '가업'이 개입할 여지는 없다.

이렇게 내가 기업 경영에 대해 끝까지 파고들며 생각하게 된 것도, 생판 남인 엄격한 주주가 있었기 때문에 가능했다.

가업 의식 금지

지금은 아들이 사장을 맡고 있지만, 당시에는 호리바 집안이 회사를 경영하고 있다는 의식은 눈곱만큼도 없었다.

가업 의식에서 벗어나지 못하면, 집의 안과 밖 사이에 선을 그을 수 없어서 결국 하찮은 것까지 내 것이라고 우기게 된다. 가업 의식을 고집한 나머지 성장 기회를 놓치는 기업, 실적이 크게 떨어지는 기업을 지금까지 수없이 많이 봤다.

우리 기업이 속한 이화학 기계 업계에서도 남편이 사장이고 아내가 부사장 혹은 전무인 회사는 거의 모두 성장하지 못하고 있다.

이런 사실에 비추어보면 역시 호리바 제작소가 발전할 수 있었던 것은 호리바 집안의 지분이 적었기 때문이고, 기업 경영의 바람직한 모습이 무엇인지를 내가 일찌감치 깨달았기 때문이라고 생각한다.

하이 리스크, 하이 리턴은 안 된다
'겁쟁이 경영자'가 성공한다

하이 리스크, 하이 리턴에 도전하는 모습은 얼핏 멋있어 보인다.
그렇지만 진정한 경영인은 로우 리스크, 로우 리턴을 노린다.
겁을 먹고서 리스크를 제로에
근접시키는 마인드가 경영자에게는 필요하다.

아웃도어 용품 제조판매 회사인 몽벨Montbell을 창업한 다
츠노 이사무 씨(현 몽벨 회장)와 TV 프로그램에서 대담을 한
적이 있다. 세계적인 모험가이기도 한 다츠노 씨의 이야기는
정말 흥미로웠다.

(스위스의 명산) 아이거Eiger의 북쪽 암벽을 오르거나, 폭포
에서 뛰어내리거나 하면 "담력이 대단하시네요"라는 말을
종종 듣지만, 사실은 정반대입니다. 나는 등반도 그렇고

급류 타기도 그렇지만, 성공할 확률이 51퍼센트 이상이 아니면 하지 않아요. 대개 '80퍼센트는 성공하겠지'라고 판단했을 때입니다. 나는 남보다 갑절은 겁쟁이니까요.

산에 오르기 전에는 정상에 오르기까지 다양한 가능성을 계산합니다. 거기서 눈사태를 만나면 어떻게 할까? 강풍이 불면 어쩌지? 꼼꼼하게 계산해보고 승산이 없는 게임은 하지 않지요. 이른바 자신이 세운 계획이라고나 할까요. 그러니까 계산의 결과를 보러 가는 것뿐이지요.

만용은 필요없다

벤처 사업은 '하이 리스크, 하이 리턴high risk high return(큰 위험, 고수익)'이라고 하는 사람이 있는데, 하이 리스크, 하이 리턴이면 하지 않는 것이 낫다. 그런 것은 무모한 도전이고, 만용이다. 로우 리스크low risk로 하이 리턴을 추구하는 것이야말로 경영자가 가진 진정한 솜씨를 보여주는 행위다. 이것이 올바른 벤처 사업 아닐까?

"저 사람은 대단히 도전적이야"라는 말을 듣는 경영자도,

사실 알고 보면 면밀한 사업 계획을 빈틈없이 짜놓는 경우가 많다. 호리바 제작소도 내가 "이 연구 재밌겠는데. 계속해봐"라는 말만 했다면, 어디선가 실패했을 것이다. 우리 회사가 경쟁에서 살아남고 발전할 수 있었던 것은 경영자인 내가 겁쟁이였기 때문이다. 특히 재무와 관련해서는 애초에 초보자였기 때문에 굉장히 겁을 먹었다.

돌다리도 두드리는 버릇

그 상징적인 사례가 바로 무차입 경영을 철회한 것이다. 대출 규모를 줄이면 그만큼 경영상의 리스크도 작아질 것이라고 생각했는데, 정작 무차입 경영을 달성하니까, 무서웠다. 무엇이 무서웠냐면, 투자를 확인하는 기능이 없는 것이었다.

경영의 권한이 거의 자신 한 사람에게 집중되어 있는 오너 경영인은 기본적으로 돈을 자유롭게 쓸 수 있다. 그렇지만 융자를 받으면 거래 은행은 "호리바 사장님, 이렇게 설비 투자를 해서 이 정도밖에 팔지 못하면 어떻게 하려고 하십니까" 하고 충고를 해준다.

'기술에 대해 제대로 알지도 못하는 은행원 주제에'라고 처음에는 생각했는데, 시험 삼아 투자 안건을 다시 면밀하게 검토해보니, 전망을 너무 밝게 생각했던 점을 깨달았다. 적어도 5억 엔은 필요하다고 생각했던 투자를 줄이고 줄여 3억 엔 정도로도 가능해지게 했다.

실제로 무차입 경영을 했더니, 투자 기준이 느슨해져서인지 투자 효율이 악화되면서 이익률도 떨어졌다. '융자를 받는 것보다 은행의 제3자 감지 기능이 작동하지 않는 쪽이 리스크가 크구나'라는 것을 깨닫고 겁이 나서 무차입 경영을 그만두었다.

은행원은 기술 지식이 부족할지 모르지만, 그런 은행원을 설득시킬 수 없다면 역시 그런 연구 테마나 안건은 밀어붙여서는 안 된다. 무차입 경영도 반드시 좋은 것만은 아니라는 사실을 그렇게 배웠다.

경영자로서 내가 정말 겁쟁이라는 점을 깨달은 것은 남에게 가르침을 받았기 때문이기도 하다. 앞에서도 언급했듯이 회사를 설립할 때에는 교토 재계의 리더 몇 명이 사외 이사 겸 감사를 맡아주었다. 그들은 우리 회사에 출자도 했기 때문에 내가 하는 경영에 대해서 심하게 추궁했다. 그 당시 질책을 너무 자주 들어 진저리가 날 정도였다.

매달 열리는 임원 회의에서 발표하는 수지결산보고가 지난 달 예측과 어긋나 있으면 큰일이 났다.

"호리바 사장님, 지난 달 '이 주문은 확실합니다'라고 설명하셨지요. 왜 성사되지 못했지요?"

"이 거래에서 20만 엔이나 가격을 내려 판매한 이유가 무엇 때문인지요? 설명해보세요."

상세한 부분까지 이렇게 추궁당했다.

이런 식의 회의를 매달 경험하면서 돌다리도 두드리는 버릇이 생겼다. 사물에 대해 억측하지 않고 반드시 논리적으로 뒷받침할 수 있는 것을 제시한다. 중소기업이 대규모 발주를 하는 고객과의 거래가 중지되면서 경영 위기에 빠지는 경우가 종종 있지만, 나는 그런 경험이 없다. 수많은 가능성을 염두에 두고 경영하기 때문이다. 돌다리를 두드리면 실패할 확률이 줄어든다.

겁쟁이라서 즐길 수 있다

기업에는 직원과 출자자가 있다. 고객도 있다. '이런 제품이 나온다면 구매해서 써볼까'라고 준비를 하는 사람도 있을지 모른다. 하이 리스크, 하이 리턴을 노리다가 실패하면 자신만의 피해로 끝나지 않는다. 선의의 제3자에게 막대한 폐를 끼치게 된다.

그렇기 때문에 리스크를 최대한 낮추려는 노력을 해야 한다. 그 대신 잘되면 나 한 사람만의 기쁨으로 끝나지 않는다. 출자자도 고객도 직원도 모두 기뻐해준다. 이러한 점이 바로 '놀이'와 '비즈니스'의 차이다.

우리 회사는 '재미있고 즐겁게'라는 유쾌한 사훈을 내걸고 있다. 하지만, 내년 설까지 회사가 존재할지 어떨지 모른다면 직원들은 재미있고 즐겁게 일할 수 없다. 직원이 진정으로 재미있고 즐겁게 일해주기를 바란다면 그 전제로서 엄격하게 경영해야 한다. 그리고 경영자는 겁쟁이여야 한다.

경영자에게는 도산의 공포가 필요하다
단, 스트레스는 줄여야 한다

미국 폴라로이드 사의 경영 파탄에서
기술 진보의 두려움을 보았다.
어떤 회사든 긴장을 늦추면 쓰러진다.
스트레스에 시달리지 않도록 자신을 컨트롤해야 한다.

　

경영자에게 가장 큰 스트레스는 무엇일까? 그것은 회사가
쓰러질지 모른다는 공포감이다. 나는 지금도 그 공포감을 늘
느끼고 있다. 아무리 회사가 커지더라도, 누구나 다 부러워하
는 일류 기업이 되더라도, '절대 안심'이란 있을 수 없다. 알다
시피 미국의 폴라로이드 사가 파탄에 이르지 않았는가.

폴라로이드의 몰락

폴라로이드 카메라는 1948년에 발매되었다. 찍은 사진을 바로 눈앞에서 현상할 수 있다는 것은, 당시의 기술자들에게도 놀라운 일이었다. 게다가 그 기술이 특허로 꼼짝달싹 못하게 묶여서 다른 회사가 따라할 수 없었다. 나는 폴라로이드 사야말로 이상적인 기업이라 보고 목표로 삼았었다.

그런데 2001년 디지털카메라가 세상에 나오자 폴라로이드 사는 눈 깜짝할 사이에 쓰러져버렸다. 많은 돈을 벌고 있었기 때문에 얼마든지 디지털 기술에 투자할 수 있었을 텐데 변화에 대응하지 못한 것이다. 폴라로이드의 대단함을 알았고, 폴라로이드의 무서움을 알게 되었다.

나에게는 큰 충격이었다. 자신보다 강한 사람이 무너지는 것은, 때로는 자신이 직접 경험하는 것 이상의 충격을 준다. 폴라로이드와 같은 일류 기업으로 성장하면 도산의 공포에서 벗어날지 모른다고 생각했는데, 완전히 잘못 판단하고 있었던 것이다.

어느 분야의 기술이든 얼마간 진화를 계속하면, 마지막에는 누구라도 만들 수 있을 정도로 일반적인 것으로 바뀐다.

고유 기술이 필요 없어진다는 것은, 그때까지 가지고 있던 노하우가 무의미해진다는 것을 뜻한다. 폴라로이드의 파탄을 통해 그것을 새삼 다시 통감했다.

일례로 커피를 만드는 기술을 들 수 있다. 요즘은 커피메이커의 기술 진보로 맛있는 커피를 집에서 손쉽게 마실 수 있다. 그래서 동네 커피 전문점은 휴식을 취하거나 친구들과 수다를 떠는 장소로 바뀌고 있다.

"우리 가게는 의자가 딱딱하고 분위기도 나쁘지만 커피는 정말 맛있다"는 커피 전문점은 앞으로 틀림없이 망할 것이다. 정말 탁월한 맛을 자랑하는 커피를 제공할 수 없는 이상 소파나 실내 음악 같은 것으로 새로운 가치를 창출하는 커피 전문점이 앞으로는 늘어날 것이다.

영원한 스트레스

샤프의 액정 기술만 하더라도 브라운관으로부터 디스플레이의 자리를 빼앗을 때까지는 좋았다. 허나 그 이후의 전말을 보면 기술의 일반화가 너무나 분명하게 보인다. 그리고 최근 몇 년 사이에 크게 부각되고 있는 3D 프린터도 지금까지의 금형 기술이 특별한 것이 아니었음을 입증하고 있다.

호리바 제작소가 취급하는 분석기 시장은 버블이 붕괴하고 리먼 사태가 일어났어도 일정한 수요를 유지하고 있다. 물과 공기가 없어지지 않는 것처럼, 이 세상에서 제품이 사라질 일이 없기 때문이다. 제품이 있는 한 계측 수요도 있다.

그렇지만 당연히 호리바 제작소보다 우수한 분석기를 만드는 회사가 나오면 우리 회사는 쓰러질 가능성이 충분히 있다. 폴라로이드도 망하는데 호리바 제작소가 망하지 않는다고 단언할 수 없다.

최고의 상품을 만들어낸 기업은 자칫하면 하나의 상품에 의존하는 경향이 강하기 때문에 경영 파탄의 위기에 늘 노출되어있다. 그렇다고 해서 최고의 상품을 목표로 하지 않는 기업도 없다.

결국 경영자는 회사가 쓰러질지 모른다는 스트레스에서 벗어나지 못한다. 영원한 스트레스인 것이다.

그렇지만 '이제 더는 못하겠다. 이 스트레스에서 벗어나고 싶다'면서 등을 돌리면 정말 회사는 엉망이 된다. 오히려 도

산에 대한 공포심을 가지고 있으면 신중한 경영을 할 수 있게
되니 보다 긍정적으로 받아들여야 한다.

한마디로 스트레스와 사이좋게 지내는 것이 좋다.

풀 수 없는 문제는 없다

거듭하는 말이지만, 나는 이지고잉 경영이 가능할 수 있도
록 늘 고민해왔다. 경영자가 이러쿵저러쿵 말하지 않아도 직
원이 재미있고 즐겁게 일하는 회사는 발전한다. 이렇게 되면
경영자는 공연히 스트레스를 받지 않아도 된다.

그리고 늘 낙관적으로 생각하며 살려고 노력한다. 현실적
이지 않은 이상론에 대해 말하는 것이 아니다. 나는 이 세상
에 풀 수 없는 문제는 이치상으로 존재하지 않는다고 본다.

가령 세계적인 수학자들 누구도 풀지 못한 어려운 문제가
수십 년만에 풀린 경우도 종종 있다. 당연하다. 인간이 만든
문제이기 때문에 반드시 답은 있다.

기업 경영도 다르지 않다. 아무리 궁지에 몰리더라도 극복
할 수 있다고 생각하고 필사적으로 달려들면 반드시 해결책

이 눈에 보일 것이다.

　오래전 일이지만 내가 콘덴서 제조 공장을 건설할 때 한국 전쟁으로 물가가 폭등해서 계획이 틀어졌다. 어떻게 해야 할지 몰라 눈앞이 캄캄했지만, 여기서 물러설 수 없다고 생각하고 pH미터를 판매했다.

　pH미터는 콘덴서의 전해질을 조정하는 데 필요해서 만들었을 뿐, 당초에는 판매할 생각이 전혀 없었다. 하지만 당시 일본 정부는 쌀을 증산하면서 비료의 pH 값을 계측할 장치가 필요했고, 우리 회사 제품이 높은 평가를 받았던 것이다. 그러다 어느샌가 'pH미터의 호리바'로 알려졌고, 그때부터 회사가 발전했다.

　스트레스를 어떻게 다스릴 것인가? 바로 여기에서 경영자의 진가가 드러난다고 해도 과언이 아니다.

지원금을 사용하지 않는
사장은 자격이 없다

지원금을 활용하기 위해 옛 통산성[*]에 자주 드나들었다.
입만 벌리고 기다리고 있어서는
자금을 조달할 수 없기 때문이다.
상대에 맞게 프레젠테이션 방법을 바꾸는 전략이 필요하다.

오래전부터 정부 각 부처는 이런저런 중소기업 지원 제도
를 준비하고 있다. 중소기업이 신규 사업을 시작하거나 연구
개발에 투자하는 등 전향적인 의지를 보이면 자금을 융자해
준다. 그런데 많은 중소기업 경영자는 그것을 적극적으로 받
으러 가려 하지 않는다.

물론 자금에 여유가 있다면 문제가 없다. 그런데 "돈이 없

---

* '통상산업성(通商産業省)'의 준말로, 현재의 '경제산업성'이다. _옮긴이 주

다. 정말 없다"고 투덜투덜 불만을 토로하는 중소기업 사장일수록 그런 지원 제도를 전혀 모르고 있다. 내가 보기에는 정말 이해할 수 없는 일이다.

담당자 옆에 눌러앉는다

내가 회사를 시작할 무렵에는 도쿄의 가스미가세키에 있던 통산성에 자주 드나들었다. 도쿄로 출장을 갈 때마다 통산성의 중소기업 담당 부서를 찾아가 낯이 익은 과장, 대리와 계장 옆에 제멋대로 주저앉았다.

그러고서는 "이번에 이런 것을 하려고 하는데, 돈 좀 안 나올까요? 좋은 지원 제도 없어요?"라고 집요하게 묻는다. 상대가 없다고 해도 물러서지 않았다. "이런 시책을 시행하면 세상의 중소기업들이 기뻐할 게 틀림없습니다. 이번에 새로 만들어주십시오"라고 끈질기게 매달렸다.

벤처 기업 사장이라면 이 정도는 해야 한다. 이러다가 상환 안 해도 되는, 또는 원금만 상환하면 되는 보조금이 있다는 정보를 알게 되었고, 그 제도를 철저하게 두루 이용했다.

정부 보조금을 받으면 금융기관도 태도를 바꾼다. "호리바 사장님, 이해하기 어려운 까다로운 기술이었던 것 같은데, 통산성이 자금을 빌려주었군요"라고 말한다. 상품에 대한 검증을 받았다고나 할까, 정부가 보증서를 발행해주기라도 한 것처럼 대우받는다. 보조금 액수는 얼마 안 되도, 그것을 받으면 금융기관에서도 자금을 빌리기 쉬워진다.

그것만이 아니다. 고객에게도 "통산성의 보조금을 받아 완성한 제품입니다"라고 하면, "정말입니까? 그러면 한번 보여주세요"라며 관심을 보인다.

그런데 이런 것을 다른 중소기업 사장에게 말해도 어쩐지 반응이 시큰둥하다. 신청하면 돈을 주겠다고 나라에서 그러는데 마다할 이유가 없지 않은가.

절차가 까다롭고 귀찮다고 핑계만 늘어놓는 사람도 적지 않다. 분명 신청서를 쓰는 것은 수고스러운 일이다. 그렇지만 "이 사업이 성공하는 날에는 이익이 이만큼 나옵니다"라고 제시하는 것은 당연한 일 아닌가?

"이익을 낼 수 있을지 어떨지 모르겠습니다"라든가 "고용 창출을 할 수 있을지 어떨지 모르겠네요"라고 하는 기업에게 누가 돈을 지원하겠는가.

이런 상황인데도 중소기업 사장은 곤경에 빠진 중소기업을 구해주는 것이 정부의 역할 아니냐며 화를 낸다. 잘못 짚었다. 어미 새가 먹이를 물어다주겠거니 하면서 새끼 새가 입을 크게 벌리고 기다리는 꼴이다. 하지만 언제나 그렇게 내가 원하는 대로 어미 새는 와주지 않는다.

은행 직원을 교육하다

이 세상의 많은 사장들은 자금 조달 노력이 부족하다.

내가 창업했을 무렵에는 벤처 사업 같은 멋진 말조차 없었다. '학생 벤처의 창시자'라는 말을 듣기 시작한 것은 한참이 지난 뒤 일이다. 당시에는 그냥 평범한 영세기업에 불과했다.

중소기업 금융공사(현 일본정책금융공사)도 아직 생기기 전이었기 때문에 은행에 가야 했지만, 몇 번이고 퇴짜를 맞았다. "너희 같은 영세한 기업이 감히 우리한테 돈을 빌리겠다고?"라고 노골적으로 문전박대당한 적도 있다.

트집을 잡는 것이 어쩌면 당연할지도 모른다. '중소기업 없이는 일본의 발전을 기대하기 어렵다는 것을, 은행 사람들이 잘 이해하지 못하고 있을 뿐이야. 내가 알기 쉽게 알려 줘야지.' 이렇게 생각을 고쳐먹었다.

일례로 일본 흥업은행에서는 이렇게 말했다.

"우리 회사 분석기를 사용하면 화학 회사의 생산 효율이 한 회사당 적어도 5퍼센트는 향상 가능합니다. 30개사, 40개사를 합하면 국내 경제에 어느 정도의 영향을 끼치게 될 것 같습니까?"

일본흥업은행은 천하라든가 국가에 대해 논하는 것을 좋아하니까, 국가 차원의 이야기를 하면 좋아할 것이라는 것을 알고 있었다. 아니나 다를까 "아니, 뭐야. 그렇게 규모가 큰 이야기인가요?"라고 관심을 보였고, 결국 순조롭게 자금을 빌릴 수 있었다.

일본흥업은행과 달리 지역사회에 기여하는 것을 중요하게 생각하는 지방의 은행이라면 "이렇게 하면 지역사회에서 새로운 일자리들이 만들어지고, 우리 회사만으로도 수십 명 아니 수백 명을 고용할 수 있습니다" 하고 설명한다. 상대가 바라는 것이 무엇인지 파악한 뒤, 바로 그것을 제시하면 된다.

스토리만으로 돈을 빌린다

자금을 모으는 것도 영업과 마찬가지다. "이런 측정기가 출시되었는데, 사주십시오"라고 직설적으로 말해봤자 사줄 리가 없다. 반면 "이 측정기를 사용하면 귀사의 생산 효율이 이만큼 향상됩니다"라고 알려주면 반드시 관심을 보인다.

얇게 썬 고기를 간장에 찍어 먹고 싶어하는 사람에게 진한 맛의 두툼한 스테이크를 내놓고, "이게 아닌데"라는 말을 듣는 것과 같다. "당신이 바라는 것을 제가 이루어드리겠습니다"라고 하면서 이미지와 스토리를 구체적으로 제시해야 한다. 그렇게 상대의 마음을 사로잡아 자금을 조달해서 물건을 파는 것이 경영이다.

지금까지 나는 수많은 벤처 경영인을 만났다. 그 경험에 비춰볼 때 확실하게 말할 수 있는 것은 "은행에 그렇게까지 머리를 숙여가며 자금을 빌리기는 싫다", "나는 기술자라서 영업을 못한다"라고 말하는 사장은 결코 회사를 성장시키지 못한다는 것이다.

그런 쓸데없는 자존심은 지체 없이 버려야 한다.

'60세 이상 임원은 인정 못 한다'
상법을 이렇게 고치면 어떨까?

일본 경제를 활성화하려면 경영진이 더 젊어져야 한다.
전후 일본의 약진도 상층부가 물갈이되었기 때문에 가능했다.
임원은 60세 때까지로 규제하고,
사장은 50세가 되면 교체하자.

아베노믹스로 일본이 정말 좋아질까? 내가 아베 총리라면
지금 바로 상법을 고쳐서 '60세 이상은 상장 기업의 임원이
될 수 없다'는 조항을 추가할 것이다.

최신 설비로 재출발

내가 왜 그렇게 생각하는가 하면, 역사가 이를 입증하기
때문이다. 제2차 세계대전 뒤 일본이 순식간에 세계 2위의

경제대국이 될 수 있었던 이유는 결국 한 가지, 바로 대기업 임원들을 사외로 방출했기 때문이다.

패전 이후 미츠비시와 스미토모 같은 재벌들이 해체되자 수많은 경영진이 전쟁을 일으킨 책임을 지는 형태로 자리에서 물러났다. 대신 새롭게 임원에 오른 이들은 그때까지 부장이나 과장이었던 사람들이다. 표면적으로는 바뀐 것이 없어 보이는 회사였지만, 실제로는 경영진이 송두리째 젊어진 것이다.

또한 공습으로 수많은 공장이 불타버린지라 각 기업은 일제히 공장을 다시 짓고 최신 기계를 도입했다. 젊은 경영진이 전례와 인습에 구애받지 않고 자유로운 발상으로 경영했다. 게다가 모든 설비가 고성능이었다. 이런 상황인데 일본 경제가 살아나지 못할 리가 없었다.

더욱이 나를 비롯하여 혈혈단신으로 회사를 일으키는 젊은이들이 여기저기에서 나타났다. 무라타 제작소, 와코루, 롬, 교세라 등이 그러했다. 교토는 현재 벤처 기업의 보고라고 불리는데, 그러한 기업들 중 대부분은 제2차 세계대전이 끝나고 약 10년 동안 창업해서 설립한 회사다.

미츠비시나 스미토모 같은 대기업도 젊은 경영진이 처음부터 다시 새롭게 모든 것을 시작했다는 의미에서는 벤처에 가깝다. 당시 일본은 그렇듯 어디에서나 온통 벤처 붐이 일었다. 경영자가 고령화된 현재와는 너무 대조적이다.

그렇기 때문에 상장 기업이 젊어질 수 있도록 정부가 관련 법을 제정함으로써 도와야 한다. 이렇게 하면 일본은 반드시 활기를 되찾을 것이다.

'50세 정년'을 제창

내가 호리바 제작소의 사장 자리에서 물러난 것은 53세 때의 일이다. 나는 예전부터 '50세 사장 정년'을 주장했었다. 유감스럽게도 예정보다 3년 늦어졌지만, 그래도 제법 빠른 편 아닌가 한다.

인간의 능력은 40대에 최고에 이르는 것 같다. 머리가 잘 돌아가고 경험도 풍부하다. 육체적으로도 강인하다. 40대야말로 사장 업무에 전념해야 하고, 50세부터 10년간은 차기 사장을 지원하는 역할에 몰두하면 된다. 그리고 60세가 되면 임원 자리를 내놓고 경영에서 물러나는 것이 가장 이상적이다.

교토에서 '50세 정년설'을 주장하고 다녔더니 "멍청이, 쓸데없는 참견 말라"는 소리를 들으며 모두에게 따돌림을 당했다. 50세에 사장 자리에서 내려오는 것은 너무 빠르다는 의견이 대세였다. 하지만 나이를 먹을 만큼 먹은 아저씨가 언제까지나 사장직에 눌러앉아 있으면 혁신은 일어나지 않는다.

내가 바통을 넘긴 사람은 나보다 아홉 살 적은 연구자 출신이었다. 그 사람은 60세까지 사장직을 맡았다. 그다음이 내 아들이었다. 그 녀석이 사장직에 오른 것은 43세 때였다.

나는 사장직에서 물러난 후 활기 넘치는 교토와 일본을 만들기 위해서 중소 벤처기업을 지원하는 일을 시작했다. 지금도 '교토 시 벤처기업 감정 위원회'의 위원장을 맡으며 창업가육성에 힘을 보태고 있다.

사장직은 33년간 했지만, 지원 활동은 36년간 한 셈이다. 나중 인생이 더 길다.

시대적 환경도 오래된 머리를 가진 경영자에게는 어울리지 않는다. 요즘 통감하는 것은 더 이상 좋은 물건을 만든다고 해서 저절로 팔리지는 않는다는 점이다. 소니와 파나소닉이 아무리 품질 좋은 물건을 만들어도 소비자가 원하지 않으면 팔리지 않는다. 예전에는 품질이 좋으면 대개 전부 팔렸다.

이런 일이 일어나는 이유는, 배가 잔뜩 부른 사람에게 요리를 먹이려고 하는 것과 다를 바 없기 때문이다. 예전에는 고급 스테이크를 내놓으면 누구라도 좋아하며 먹었지만, 지금은 원하지 않으면 돈 안 받는다고 해도 안 먹는다. 물건을 만드는 데 있어서 옛날과 지금은 바로 이런 점에서 근본적으로 다르다. 이 장벽을 돌파하려면 새로운 발상이 필요하다.

그렇더라도 열심히 일해온 임원들에게 갑자기 최후 통첩을 하는 것은 조금 미안하다는 생각도 든다. 그렇다면 죽을 때까지 용돈 대신 월 100만 엔을 주면 된다.

까다로운 나이 든 아저씨가 사장 자리에 눌러앉아 잘못된 판단을 하면 100억 엔이나 200억 엔은 금방 날아간다. 오히려 100만 엔을 주고 "회사 일은 아무것도 하지 말라"고 부탁하는 편이 훨씬 낫다. 한 사람당 연간 1200만 엔이니까 싼 편이다.

히츠마부시 인생

그만둔 사장님들은 받은 돈을 밑천으로 새로운 일을 시작하면 된다. 나는 '히츠마부시 인생'이 중요하다고 강조한다. 나고야 지역 명물 요리인 '히츠마부시'는 뱀장어와 밥을 이용해서 세 가지 맛을 즐길 수 있다. 처음에는 뱀장어 구이를 안주로 술을 한잔하고, 다음에는 양념을 얹은 뱀장어를 밥 위에 올려 덮밥을 만들어 먹는다. 마지막에 밥에 뜨거운 차를 부어 즐긴다.

그런 식으로 세 가지 인생을 즐기면 좋을 것 같다. 60세가 지나면 후계자에게 주저 없이 양보하고 매월 손에 들어오는 100만 엔을 밑천으로 새로운 회사를 차리는 것이다. 그것이 어렵다면 사회봉사 활동을 부지런히 하면 된다. 그러면 후계자도 회사도 모두 행복해진다.

직원들로부터 "그 양반 이제 그만둘 때가 되지 않았어?"라는 험담이 나올 때까지 사장 자리를 지키는 것은 모양새도 좋지 않고 폼도 안 난다. 물론 회사와 완전히 연을 끊는 것이 심정적으로 얼마나 어려운지 나도 잘 안다. 나 자신 역시 "아직도 저 사람 회사에 오냐"는 수군거림을 들으면서도 '최고 고문'이라는 직함을 받아 회사에 오고 있다.

　이에 대해서는 그냥, 가끔 회사에 오는 정도는 창업자의
특권이라고 생각하고 너그럽게 봐주었으면 한다.

소질 없는 자식을 사장 자리에
앉히는 것은 불행의 극치

자식에게 회사를 물려주기 전에
당사자의 성격이 어떤지 끝까지 지켜봐야 한다.
경영자 소질이 없다면 자식의 인생을 망치는 셈이다.
회사를 발전시키고 싶다면 '집안'에 집착해서는 안 된다.

예나 지금이나 강연을 하면 후계자에 관한 질문이 정말 많이 나온다. 그럴 때면 나는 늘 똑같은 말을 한다. "자식을 위해 부모가 해야 할 가장 중요한 일은 자식이 가장 잘하는 것을 찾아서 그 능력을 키워주는 것입니다." 그것이 본인에게 최고의 행복이기 때문이다.

즉, 경영자 자질이 없는 자식에게 무리해서 회사를 물려주려고 해봤자 정작 본인이 행복하지 않다. 더 분명하게 말하면 불행의 극치다.

"정말 따로 하고 싶은 것이 있었는데, 부모님이 하라고 하셔서 어쩔 수없이 사장직을 수행해왔습니다. 내 인생은 전혀 즐겁지 않았습니다."

이런 슬픈 사연을 털어놓는 사람을 나는 여럿 만났다.

싫어하더라도 그나마 결과가 나오면 다행이다. 그렇지만 보통은 마지못해 앉아있는 사장이 이끄는 회사가 되어 발전하지 못한다. 실적을 내지 못하면 아무리 사장이라도 회사 안팎에서 바보 취급 당하기 일쑤다. 그러다 정말 도산이라도 하게 되면 그거야말로 비극이다.

중압감을 이겨낼 수 있는가

사장직을 수행한다는 것은 정말 큰일이다. 오너 사장은 월급 사장과 달리 자기 마음대로 경영을 할 수 있으니까 좋겠다고 부러워하지만, 결코 좋은 점만 있는 것도 아니다.

급여를 받는 사장은 임기 중에 회사가 망하더라도 생활이 곤란해지지는 않는다. 그렇지만 오너 사장은 회사가 도산하면 가지고 있는 것을 몽땅 털릴지도 모른다. 오너의 책임은 크고,

그 중압감을 견딜 수 있는 정신력이 필요하다. 경영자의 2세들 모두가 이런 능력을 가지고 있다고 볼 수 없다.

그리고 경영자에게 필요한 자질은 배워서 몸에 익힐 수 있는 것이 아니다. 기능을 전승하는 전통 산업이라면 자식이 어렸을 때부터 하나하나 일일이 가르칠 수 있겠지만, 기업 경영에 필요한 것은 기능과 같은 것이 아니라 생각하는 힘에서 비롯된다.

그렇기 때문에 타고난 성격에 따라서 아무리 해도 경영자에 맞지 않는 자식이 있기 마련이다. 부모는 강제적으로 자식의 성격과 취향을 바꿀 수 없다.

자식이 음악가나 화가의 소질이 있는지, 혹은 천생 경영자인지는 모두 본인 하기 나름이다. 인간에게는 하늘이 내려준 재능이 있고, 그것과 맞는 일을 할 때 가장 행복하다. 음악가의 길을 가겠다는 자식에게 경영자를 하라고? 그러면 그 아이가 너무 불쌍하다.

내 자식을 위하는 마음이 있다면 본인이 하고 싶은 것을 하게끔 전력을 다해 응원해줘야 한다. 자식도 재미있고 즐겁게 살기를 바라는 것이 부모 마음 아닌가?

자식에게 경영자 소질이 없다면 주식을 보유하는 오너가 되게 하고, 우수한 전문 경영인에게 경영을 맡기면 된다. 만약 딸이 있다면 사위에게 맡길 수도 있다. 자식을 바꿀 수는 없지만 배우자를 선택할 수는 있다. 실제로 교토의 오래된 전통 상점에는 데릴사위가 꽤 많다.

하고 싶은 대로 해라

나 자신도 부친으로부터 "하고 싶은 대로 해라"는 말을 들으며 컸다. 부친은 화학자였지만, 나는 화학보다는 물리를 흥미로워했다. 그래서 부친과 같은 학자가 되려고 했지만 조금 다른 분야인 원자력 분야의 연구자가 되려고 마음먹고 있었다.

그런데 제2차 세계대전이 끝나고 난 후 대학에서 원자력 연구를 할 수 없게 되었다. 그래서 스스로 연구소를 만들어 사업가의 길을 걷기 시작했다. 부친으로부터 "학자가 되라"는 말을 늘 들어왔다면, 인생의 선택 폭이 좁아져 경영자가 되지 않았을지도 모른다.

마찬가지로 내 아들에게도 하고 싶은 것을 시켜왔다고 생각한다. 아들이 "대학을 졸업하면 미국에 가보고 싶어요"라고 해서 "가면 되지 않겠어", "용돈이 좀 필요한데요"라고 하기에 "호리바 미국 법인에서 일하게 해줄 테니까, 스스로 벌면 될 거다"라고 대답했다. 늘 이런 식이었다.

그러고 있는 사이 아들이 "본사는 해외 법인을 제대로 보고 있지 않은 것 같아요"라며 회사 일에 간섭을 하기 시작했다. "그런 문제라면 네가 이쪽으로 와서 고치면 될 거 아니냐." 그래서 아들이 귀국해서 교토에서 함께 일하게 되었다.

창업자의 아들이기 때문에 주위에서 신경을 썼을지 모르지만 나는 그 녀석을 특별 대우하지 않았다. '후계자는 아들'이라는 생각도 없어서 제왕학帝王學도 가르치지 않았다.

단, 아들은 본인이 스스로 부서 이동을 신청해서 해외 부문, 생산 부문, 설계 부문, 영업 부문으로 옮겨다녔고, 결과적으로 거의 모든 부서를 돌며 나름대로 실적도 올렸다.

호리바 집안사람이 아니었던 2대째 사장에게 "회사를 두루 살펴보고 차기 사장 후보를 찾아봐달라"고 했더니, "회장님께 잘 보이려고 드리는 말씀이 아니라, 아드님 말고는 다른 사람이 없습니다"라고 했다.

그럴 만한 능력이 있다면 거절할 이유가 없었다. 그래서 아들이 3대째 사장에 취임했다.

자식이 물려받으면 기쁘다

감정적으로는, 아들이 사장이 돼서 기뻤다. 내가 고생해서 발전시킨 회사를 피가 섞인 아들이 이어받는 것을 기뻐하는 것은 인간의 본능이라고 생각한다.

그렇지만 '무슨 일이 있어도 아들에게 물려주겠다'는 생각 같은 것은 전혀 하지 않았다고 자신 있게 단언할 수 있다. 경영자는 개방적이고 공정하게 선출하는 것이 바람직하다.

사업을 승계시키는 일로 고민이 많을 것이다. 그렇지만 본인은 물론 직원들까지 불행하게 하면서 자식에게 물려줄 것인가? 그렇지 않으면 자식의 행복을 바랄 것인가? 답은 어렵지 않게 찾을 수 있으리라.

가끔은 상담역으로서 상담을 해주자
그렇게 하면 부자 관계는 좋아진다

아들에게 사장 자리를 내주었다면
아버지는 경영에 관여해서는 안 된다.
단, 아들이 마음을 써서 가끔 아버지에게 상담을 요청하는 것이 좋다.
입장을 서로 이해하는 부자 관계를 이루는 것이 회사 발전에 중요하다.

사업을 물려주는 문제는 시대를 초월하는 고민거리인 것 같다. 주변의 경영자들로부터 종종 관련 상담을 요청받는다. 웃고 싶어도 웃을 수 없는 이런 사연도 있었다.

"나는 상담역인데, 사장을 하고 있는 아들이 전혀 상담하러 오지 않습니다……."

장난감을 건네다

사장직에서 물러난 부친의 의견을 계속 듣고 싶어하는 아들이라면 아버지에게 회장 취임을 권한다. 상담역이나 고문, 명예회장 등의 직함은 그다지 상담하고 싶지 않은 상대에게 붙이는 것이다. 이렇게 진실을 알려주고 싶은 마음은 굴뚝같지만, 듣는 이가 쇼크로 사망이라도 하면 낭패니까 입을 다문다.

"아들과 얼굴을 맞대고 '상담하려 왜 안 오냐?'고 말하면 분명히 귀찮고 시끄럽다고 생각할 거고. 그렇다고 이대로 가만히 있기는 싫고⋯⋯. 어떻게 해야 좋을까요?"

눈앞에서 투덜투덜 불만을 듣고 있자니 성가시고 귀찮았다. 그가 돌아간 뒤 그의 아들에게 전화를 걸었다.

"자네 아버님 말일세, 너무 외로워 보이셨어. 작은 것이라도 좋으니 '나는 이렇게 생각하고 있는데 어떻게 생각하세요?'라고 가끔은 물어보는 게 좋아. 그렇게 안 하면 조만간 경영에 간섭하려고 할 걸."

윗 세대와 상담하는 것은 행복을 얻기 위해 쌓아가는 선행, 즉 공덕과 같은 것이다. 효도를 계속하고 있으면 부자 관계, 나아가 회사도 안정된다고 생각해야 한다.

부친의 간섭을 원치 않는다면 부친에게 '장난감'을 주는 것도 좋다. 동종 업계의 모임이나 지역사회의 봉사활동 같은 일거리를 주며 "이 모임은 아버님이 아니면 안 될 것 같습니다. 꼭 부탁드립니다"라고 말한다. 활동을 하느라 경영에 참견할 여유가 없어진다.

모든 것이 네 책임

지금까지 아버지와 아들의 양두 정치로 실패한 경영 사례를 적지 않게 봐왔다. 아버지가 "이 프로젝트는 이제 그만 둬라", "그런 사람을 임원으로 쓰면 안 된다"라고 계속 간섭하면, 아버지와 아들 어느 쪽이 최고 경영자인지 알 수 없어진다.

부친의 의견이 옳을 수도 있겠지만, 말하는 것 자체가 좋지는 않다는 의미다. 직원들은 윗선을 바라보고 있다. 금세 애매해진 권한을 간파하고 "이 안건은 부친에게 가져가면 허락을 받기 쉽다", "그런 이야기는 아들에게 하면 좋아한다"는 식으로 안건을 적절하게 분리해서 해결하려 한다.

이런 상황에서 정말 일이 터지면 큰일이다. 아들이 "아버지가 하라고 하셨잖아요"라고 하면, 아버지는 "사장은 너잖아"라고 하며 책임을 서로 떠넘기는 양상이 반드시 나타난다. 이러면 조직을 유지하기 어렵다.

그러니 사장직을 아들에게 물려주었다면 아버지는 기본적으로 경영 일선에서 물러나야 한다. 아들은 필요에 따라 가끔 아버지에게 의견을 물으면 된다. 권력 관계와 부자 관계를 양호하게 유지하는 것이 사업을 승계할 때 매우 중요하다.

나는 53세 때 사장직에서 물러나 대표 임원인 회장직에 취임했다. 2대 사장은 밑에서부터 올라온 기술자였다. 그에게는 간섭을 많이 했다. 아직 내가 대표권을 가지고 있었고, 임원회의 회장으로서의 책무도 있었기 때문이다.

회사와 거리를 두기 시작한 것은 아들이 3대 사장에 취임한 1992년부터다. 내가 대표권을 내려놓고 임원회장이 된 것은 그로부터 3년이 지나고 나서지만, 아들이 사장이 된 순간부터 '절대 간섭하지 않겠다'고 결심했다.

둘이 있을 때 아들에게 분명히 말했다.

"앞으로 회사에서 어떤 일이 일어나든지 모두 네 책임이다. '이 안건에 대해 아버님은 어떻게 생각하세요?'라고 물으면 조언을 하겠지만, 결정은 사장인 네가 하는 것이다."

조금만 간섭하는 것 같은 어정쩡한 태도를 취하는 것은 내 성미에 맞지 않는다. 간섭하려면 하고, 안 하려면 일체 안 한다. 그렇게 했더니 아들은 "아버지가 너무 간섭을 하지 않으시네요"라며 오히려 놀란 표정을 지었다.

솔직하게 말하면 스스로 만든 회사이기 때문에 신경이 안 쓰인다고 하면 거짓말이다. 아들이 하는 것을 보노라면 '이렇게 하는 게 좋을 거 같은데'라고 생각할 때도 있다. 그렇지만 내가 그렇게 말하면 호리바 제작소는 흔들린다.

무슨 일이 있어도 간섭을 하고 싶다면 죽을 때까지 사장을 하면 된다. '평생 사장인 경영자'도 선택할 수 있는 길 중 하나다. 그렇지만 그렇게 되면 자신이 죽으면 회사도 문 닫을 것이라는 사실도 생각하고 있어야 한다.

아들과의 조찬 모임

1995년에 대표권을 내려놓은 뒤 아들의 제안으로 매달 한

번 조찬 모임을 갖고 있다. 호텔 레스토랑에 우리 부부와 아들 부부 총 4명이 모인다. 아내는 바쁜 아들과 만나는 기회가 별로 없다 보니 잘 지내고 있는지 보러 오는 것뿐이다. 그래서 계속 듣기만 하는 역할이다.

화제는 기본적으로 세상 돌아가는 이야기다. 회사 밖 인적 네트워크가 넓은 내가 "그 사람은 보기에는 좀 수상쩍지만 믿을 수 있다"고 조언하기도 한다.

가끔 "이런 안건이 주변에서 들리는데요"처럼 일과 관련된 이야기를 아들이 하는 적도 있다. 아들이 고민하고 있는 것 같으면 "네가 좋다고 생각했으면 주저하지 말고 하면 된다"고 격려한다.

아들의 의견에 반대한 적은 단 한 번도 없다. 터무니없는 일을 하려고 했다면 말렸겠지만, 그렇게 멍청했다면 사장으로 만들지 않았을 것이다. 그의 결단은 모두 존중하고 있다.

회사 밖에서 정기적으로 아들과 아침을 먹는 것도, 회사 안에서 얼굴을 마주 볼 때와는 분위기가 달라서 꽤 괜찮다.

해설

이지고잉easygoing. 호리바 고문의 경영론에는 이 단어가 종종 등장한다. 굳이 번역하면 '손쉬움', '마음 편히', '간편함' 정도가 될 것 같다. 만약 부정적인 뉘앙스를 부여한다면 '날림'이나 '부실'일 것이고 말이다.

어쨌든 일본에 무수히 많은 경영자 중에 "저의 경영 신조는 이지고잉입니다"라고 공언하는 사람이 있다는 말을 들은 바가 없다. 이 말을 당당하게 거리낌 없이 말하는 호리바 고문을 좀 별난 사람으로 보는 견해도 있다.

그렇지만 그 진의에 귀를 기울여보면 오히려 경영의 정도正
道라는 것을 깨닫게 된다. '이지고잉론'을 내세우는 이유와 근
거는 크게 세 가지로 나눌 수 있다.

1. 경영자가 해야 할 업무의 영역이 점차 확대되고 있기
   때문에
2. 일을 맡김으로써 직원이 성장하기 때문에
3. 부담을 줄임으로써 경영자 자신이 재미있고 즐겁게 일
   할 수 있기 때문에

먼저 첫 번째. 실은 이것에 관해 호리바 고문이 그다지 언
급하고 있지 않지만, 감히 살펴보고자 한다.

경영자가 담당해야 할 업무의 범위는 최근 급격하게 늘어
나고 있다. 가령 회사의 자금을 어떻게 빠르게 회전시켜 이
익을 극대화할 것인지와 같은 재무적인 센스가 없다면 이제
는 경영을 할 수가 없다. 다이에의 창업자 나카우치 이사오
씨가 "매출은 모든 것을 다스린다"고 주장했듯이 매출지상주
의 경영이 가능했던 시대가 있었음을 떠올리면 격세지감이

느껴진다.

좋은 물건을 만들면 팔리던 시대에서 벗어났기에, 기술력으로 승부하던 동네의 작은 공장들도 브랜드를 비롯한 마케팅 지식을 갖춰야 한다.

글로벌 경쟁력 강화, 철저한 법령 준수 등 20~30년 전에는 그다지 필요하지 않았던 능력이 경영자의 양어깨를 짓누른다. 이런 것들을 한 사람이 모두 부담하는 것은 무리다.

그러니 경영자는 자신이 어떤 역할에 주력할지 결정하고, 나머지 업무는 다른 사람에게 적극적으로 맡기는 것이 좋다. 즉, '이지고잉'은 이 시대에 잘 부합한다고 할 수 있다.

두 번째 이유는 인재 육성이다.

"권한을 어떤 사람에게 맡길 것인가를 결정하는 게 경영의 참맛이다. 이 정도 수준의 일이라면 이 사람에게 맡기면 내 것과 같거나, 나보다 더 나은 결과를 낼지도 모른다. 이런 사람을 주변에 모은다. 맡길 수 있게 되면 자신은 아무것도 안 하는 것이 좋다."

직접 창업한 경영자 중에는 뭐든 직접 하려는 분들이 많다. 하지만 호리바 고문은 일찍부터 이지고잉이라는 입장을 고수했기 때문에 직원들도 성장할 수 있었다.

경영에는 앞서 언급한 두 가지가 매우 중요하다. 사실 호리바 고문 특유의 생각은 세 번째에 가장 잘 나타나 있다. 즉, 경영자가 즐기지 않으면 이상적인 경영을 할 수 없다는 점이다.

회사가 발전하려면 직원이 재미있고 즐겁게 일하게 함으로써 그들의 능력을 최대한 끌어내야 한다. 그리고 직원들이 재미있고 즐겁게 일하게 하려면 경영자 자신도 솔선해서 재미있고 즐겁게 일해야 한다는 사고방식이다.

이러한 생각을 실천하기 위해 호리바 고문은 놀라울 정도로 창의적인 아이디어를 여럿 내놓았음을 앞서의 내용을 통해 알 수 있다.

가령 '세무서 사람은 이런 방법으로 쫓아낸다'에서 호리바 고문은 상대를 홈그라운드로 끌어들이면 얼마나 유리하게 일을 풀어나갈 수 있는지를 강조하고 있다. 여기에서 일을 즐기려는 호리바 고문의 집념을 느낄 수 있다.

호리바 고문은 90세라고는 믿기지 않는 정도로 행동거지에 활력이 넘친다. 기억력은 젊은 사람을 능가할 정도다. 즐겁고 재미있게 살고 있음을 가장 잘 증명하는 요소다. 단, 재미있고 즐겁게 살기 위해서는 남모를 노고도 필요하다. 그것은 '겁쟁이 경영자가 성공한다'에서도 밝혀졌다.

호리바 고문도 지적하듯이 성공하여 이름을 떨친 경영자는 예외 없이 겁쟁이다. 파나소닉의 창업자인 마츠시타 고노스케 회장도 겁쟁이의 중요성을 역설했다.

'재미있고 즐겁게'를 표방하는 호리바 고문이 겁쟁이라고 하면 위화감을 느끼는 사람이 있을지 모르겠다. 하지만 '재미있고 즐겁게'를 추구하기 때문에 반드시 겁쟁이가 될 필요가 있다. 물속에서 쉼 없이 다리를 젓고 있기 때문에 백조는 우아하게 헤엄치며 다닐 수 있다.

하지만 결코 무리를 해서 체제를 고치는 것은 아니다. 재미있고 즐겁게 경영하는 것과, 그것을 실현하기 위해 부단히 노력하는 것은 같은 것이라는 의미다. 이지고잉 경영은 결코 비난의 대상이 아니라 더할 나위 없이 심오한 경영 이론이다.

대담

호리바 마사오 × 무라카미 다이치

젊은 기업가의 기대주, 인터넷 서비스 업체인 리브센스의 무라카미 다이치 사장이 교토의 호리바 제작소를 방문했다. 와세다 대학 재학 중에 새로운 아르바이트 구인 사이트를 고안해서 창업한 무라카미 사장은 25세 1개월의 나이에 주식을 상장했다. 당시 최연소였다. 이 두 사람에게는 몇 가지 공통점이 있다. 우선 두 사람 모두 벤처에서 사업가로서의 인생을 시작했다. 그리고 둘 다 매우 드물게 호기심이 왕성하다는 점, 마지막으로 둘 다 낙천가라는 점이다. 벤처 정신으로 똘똘 뭉친 두 사람에게서는 62세라는 나이 차이를 느낄 수 없을 정도로 재미있고 즐거운 경영 이야기가 쏟아졌다.

　대담의 테마는 '기업 경영과 벤처 정신의 현재와 미래'였다. 인구 감소 사회로 접어든 일본에서, 앞으로 기업이 발전하기 위한 키워드는 무엇일까? 경영자는 무엇을 생각하고, 어떻게 움직여야 할까? 두 사람이 그리는 경영의 미래는 직원의 자립심을 어떻게 높일 것인가?

——— 호리바 회장님이 1924년생이시고. 무라카미 대표님
은 1986년생이니. 정말 62세 차이가 나네요.

무라카미 호리바 최고 고문께 꼭 묻고 싶은 것이 있습니다. 기
업을 경영하시면서 60년 전과 가장 많이 달라진 점
이 무엇인가요?

호 리 바 너무 단순하게 들릴지 모르겠지만 물건이 팔리지
않는다는 겁니다. 옛날에는 이래저래 물건이 없었
어요. 재료가 없고, 생산 설비도 없고, 인재도 없었
지요. 정말 아무것도 없다보니 제대로 만들면 무엇
이든 팔렸어요.

지금은 정반대지요. 재료나 설비, 인재도 모두 풍부
해졌지만, 그동안 물건을 사주던 소비자가 배가 부
를 대로 불러 어디서나 흔히 볼 수 있는 평범한 것
은 원치 않아요. 특히 요즘 젊은 사람들은 뭘 갖고
싶다는 생각을 안 하는 것 같아요.

호리바 제작소에서는 매달 직원들의 생일 파티를

엽니다. 신입 직원을 붙잡고 "지금 뭘 갖고 싶냐?"
고 물으면 전에는 스포츠카나 컴퓨터라고 했지요.
요즘은 "갖고 싶은 게 없습니다"라고 하더군요.

무라카미 아, 저도 그런 사람일지도 모르겠습니다. 자동차도
없거든요. 소비 활동을 하는 것이 그다지 즐겁거나
기쁘지 않습니다. 제 입으로 스스로 말하기 좀 그렇
습니다만, 부족한 것이 없는 풍요로운 시대에 자라
났으니까요.

호 리 바 역시 그렇군요. 자네 같은 젊은이가 많아져서 좌우
지간 뭔가를 판다는 것이 어려워졌어요. 물건이든
서비스든 이런 경향은 앞으로 더 뚜렷해질 것 같아
요. IT(정보통신) 업계도 마찬가지 아니오?

무라카미 비즈니스의 기본은 불편과 문제를 해결하는 데 있다
고 생각합니다. 2006년에 리브센스를 세웠던 계기
도 당시 아르바이트를 찾는 과정이 너무 불편해서

였습니다. 그렇지만 제 주변의 불편함은 확실히 점차 줄어들고 있습니다.

시장은 무한하다

―――― 일본은 저출산 고령화가 심화되어 인구는 2050년에 1억 명 이하로 감소한다는 예측이 나오고 있습니다. 앞으로 축소될 시장과 맞서야 하기에 경영자들은 큰 어려움에 처하겠지요?

무라카미 결코 그렇지 않습니다. 예를 들어 우리 회사는 단순히 재화와 서비스를 파는 것이 아니라, 사람과 사람을 연결하는 사업이기 때문에 성장하고 있습니다. 결국 비즈니스는 생각하기 나름이라고 봅니다. 저는 미래를 예측한 책을 읽기를 너무 좋아합니다. 앞으로 도대체 어떤 새로운 시대를 맞이할지를 상상해보는 것이 너무나 즐겁지요.

호 리 바　이 세상의 일은, 아직까지 알 수 없는 일이 밝혀진 일보다 많을 겁니다. 의료와 관련해서도, iPS 세포는 획기적이기는 하지만 기존의 세포에서 만들 수밖에 없고, 사람의 손으로는 단세포조차도 만들 수 없지요. 우리가 이해하는 것은 불과 얼마 되지 않기 때문에 앞으로도 연구할 여지는 무한하지요. 그런 분야를 규명해나간다면 시장은 앞으로도 얼마든지 개척할 수 있어요.

무라카미　지금은 인재 사업을 하는 저도, 예방 의료와 예측 의료에 상당히 관심을 가지고 있습니다.

호 리 바　고령화는 분명히 기회입니다. 나는 PPK 운동을 추진하고 있어요. 노인은 모두 매일 밤 젊은 여성과 술을 마시며 팔팔하고 건강하게 살도록 해야 한다는 겁니다. 그렇게 신명 나게 놀다가 덜컥 죽음을 맞는 겁니다.

차라리 그러면 가족은 고통스럽게 살다 가시는 것

보다 낫다고 생각할테고, 요양하는 노인들을 위한 간호나 의료서비스도 필요 없어지니 나라에도 도움이 되겠지요. 이렇게 보면 "노인들에게 무리한 일을 시켜서는 안 된다"는 사람이 오히려 역적 아니겠소, 하하. 그렇게 말하는 사람들이 나라 살림을 엉망으로 만들어놓으니까요. "당신은 노인이니까, 더 맘껏 노세요"라고 말해야 합니다.

앞으로 룸살롱이나 요정은 고령자를 노리면 분명히 크게 번창할 겁니다. 노인 손님들에게 아름답고 젊은 아가씨를 여러 명 붙이고, 고가의 위스키를 벌컥벌컥 마시게 해서, 기분 좋게 덜컥 죽음을 맞이할 수 있도록 도와줘야 해요.

무라카미 씨 같은 젊은 남자 손님에게는 할머니를 붙이면 되겠네요. 사리사욕에서 하는 말이 아닙니다. 이 나라의 재정을 생각해서 하는 말이에요.

무라카미 할머니를요……. 그건 그렇고 어쨌든 고령자 시장은 저도 상당히 주목하고 있습니다. 며칠 전 제 은사님이 정년퇴직을 하셨는데, 기력은 물론 체력적으로는 전혀 뒤지지 않고 일을 척척 잘해내십니다. 이런 분들이 활약할 수 있는 현장을 매칭 사업으로 만들어가려 합니다.

리브센스의 비전은 '당연함을 발명하자'입니다. 사물을 바라보는 새로운 견해, 행동 방식이 이 세상에 상식으로 정착되기를 바랍니다. 그리고 그런 서비스를 개발하고 싶습니다. 자신의 힘으로 새로운 상식을 만들겠다는 강한 의지를 갖고 있다면 반드시 시장을 개척할 수 있다고 생각합니다.

알고 싶다고 생각하는 마음

——— 두 분 모두 변화에 대해 대단히 전향적이시고, 호기심도 왕성하시군요. 앞으로의 경영자에게는 이러한 자질이 반드시 필요할 것 같습니다.

호 리 바 바로 봤어요. 나는 뭐든지 신기하게 여긴답니다. 그래서 본 적이 없는 것 때문에 가슴이 두근두근 설레지 않는 사람을 이해하지 못합니다. 새로운 요리를 먹으면요, 어떤 재료를 어떻게 조리했는지 몹시 알고 싶다니까요. 게다가 조리법을 들으면 반드시 스스로 요리를 만들어봅니다.

이 나이에도 모르는 게 점점 늘어만갑니다. 요즘은 철학을 다시 공부하려고, 이와나미 출판사의 철학 시리즈를 다시 읽기 시작했어요.

무라카미 호기심은 '높이겠다'는 의지만으로 높일 수 있는 것이 아니라, 인간의 본능이라고 생각합니다. 그렇지만 호리바 최고 고문처럼 지금까지 많은 경험을 하신 분이 앞으로 더 많은 걸 알고 싶다는 강한 욕구를 유지하고 계신 건 대단하다고 봅니다.

저도 새로운 것을 보면 경험해야만 직성이 풀리는지라, 며칠 전에도 최근 화제가 되고 있는 유전자 검사를 받아봤습니다. 그렇지만 가장 흥분되는 일은 자신이 만든 것이 세상에 알려져 사용되는 것이 아닐까

합니다. 일이 너무 좋아서, 주말에도 쉬는 것이 아까워 항상 일하고 있습니다.

——— 경영자가 새로운 시장을 선점하려면 호기심은 물론 리스크를 무릅쓰고 행동하는 기업가 정신이 반드시 필요합니다. 이런 관점에서 두 분은 모두 학생 시절 벤처를 창업한 경험이 있으니 기업가 정신은 남보다 두 배는 강하다고 봅니다.

호 리 바 우리 회사는 법인화한 지 15년 만에 주식시장에 상장되었소. 당시는 설립하고 25년 정도는 지나야 상장하는 게 일반적이었지. 다들 놀라서 '호리바 사장은 빠르다'고 했는데, 리브센스는 설립한 지 불과 5년 만에 상장을 이루어냈어요.

무라카미 그 무렵과 비교하면 상장 기준이 많이 완화되었으니까요. 사무실을 무료로 임대하는 등 창업 당시부터 적지 않은 지원을 받았습니다. 벤처기업이 자꾸 생겨나기 쉽고, 성장하기 쉬운 환경이 갖추어지고 있다고 생각합니다.

호 리 바 정말 그런가요? 실제 벤처기업은 그다지 늘어나고
있지 않아요.

어느 대학의 초청을 받아 벤처기업에 대해 강의를
했는데, 나중에 학생 부모로부터 항의 전화를 받았
습니다. "대학에 간 아들이 제대로 된 회사에 취직할
거라고 생각했는데, 당신 강연을 듣고 '난 회사를 만
들겠다'고 합니다. 애를 혼란스럽게 하지 마세요."
맥이 쭉 빠졌지요.

인간은 신기성新奇性 추구 유전자라는 것을 가지고 있
다더군요. 한 조사 결과에 따르면 앵글로색슨 계열의
미국인은 그 유전자를 100명 중 50명이 가지고 있다
더군요. 그런데 일본인은 100명 중 2명에 불과하다
고 했어요[와타루 세이시로, 《생명과학이 순식간에 등장
하다(図解生命の科学がみるみるわかる本)》에서 인용].

'이건 상당한 비즈니스가 되겠는데'라고 생각해도
실제로 위험을 무릅쓰고 행동으로 옮기는 일본인은

앵글로색슨계의 25분의 1밖에 안 된다는 겁니다. 나도, 무라카미 사장도 100명 중 2명에 속하는 거요. 슬픈 현실이지만, 우리는 일본에서는 압도적인 소수파예요.

무라카미 일본인과 서양 사람은 분명히 창업에 대한 생각이 전혀 다른 것 같습니다. 일본 사람에게는 새로운 기업을 일으키는 창업보다 위험이 적은 사내 벤처 쪽이 어울리는지도 모르겠습니다.

호 리 바 바로 그렇소! 정부가 창업자 수를 늘리려고 노력하는 것은 좋지만, 각각의 회사에서 직원들이 도전할 수 있는 구조를 만드는 것도, 이 나라 일본에서는 비슷할 정도로 중요하다고 봅니다.

재미있고 즐겁게

────── 사내 벤처와 같은 제도를 도입해서 직원 한 사람 한

사람이 자율적으로 움직이면, 그 기업이 새로운 시장을 획득할 기회도 그만큼 늘어나겠지요.

무라카미 우리 회사는 앞으로 조직의 단위를 가급적 작게 만들려고 합니다. 그러면 직원의 주인 의식이 높아져 일하면서도 즐겁겠지요. 내가 하든 안 하든 결과가 변하지 않으면 짜증날 겁니다.

한편으로 어려운 점도 느낍니다. 저는 '행복에서 탄생하는 행복'이라는 말을 직원들에게 자주 합니다. 가치 있는 것을 사회에 제공해서 기꺼이 받아들여지면 기쁘지요. 이 세상을 행복하게 만드는 것이 자기 자신의 행복으로도 연결된다고 생각합니다. 그런데 저의 이런 생각에 마음을 열어주지 않는 사람도 있어서요……. 저는 이것이 누구나 마음 속 깊이 가지고 있는 욕구라고 믿었거든요.

호 리 바 오로지 자기밖에 생각하지 않는 사람이 늘어나고 있소. 그렇지만 '회사를 위해 열심히 하겠다'고 말하는 직원도 곤란합니다. 직원이 재미있고 즐겁게 일하면 일의 성공 가능성도 높아져요. '회사를 위하는 일이니까 하는 수 없다'고 투덜대며 일한다면 대단한 성과를 기대할 수 없소. 그런 직원은 그만두었으면 좋겠어요.

회사는 무대이고, 직원은 배우, 경영자는 연출가라고 생각하면 딱이오. '이런 연극을 만들고 싶다'고 생각하고 배역을 정하는 것이 연출가의 역할입니다. 배우는 연출가와 극장을 위해서가 아니라, 자신이 할 수 있는 최고의 연기를 하지요. 극장 수입을 걱정하는 배우가 과연 있을까요?

배우가 즐겁게 연기하면 결과적으로 '이 연극 정말 좋다'는 소문이 나서 관객이 몰리고, 극장은 돈을 법니다. 회사 일도 이것과 같은 논리라오.

기업의 성장을 추구한다

—— 호리바 제작소의 사훈은 '재미있고 즐겁게'이고, 무

라카미 사장님은 '사는 의미(리브센스)'라는 말을 사명으로 쓰고 있습니다. 모두 인간 본위, 직원 중심의 경영을 표방하고 있다고 생각합니다.

호 리 바 일이란 본래 재미가 없으면 소용이 없소. 결코 고통스러운 것이 아닙니다. 그 가치관을 직원에게 심어주려면 먼저 경영자 자신이 일을 즐겨야 합니다. 앞으로 일본에서 무슨 일이 일어나더라도 말이오.

무라카미 저는 인재 사업을 정말 즐기고 있습니다. 이 사람은 은행에서 근무하는 것이 좋을 것 같다, 저 사람은 요식업계가 어울린다고 일본 전역을 무대로 배역 매칭을 할 수 있으니까요. 나라 안에서 각 사람의 배역을 잘만 바꿔도 GDP(국내총생산)는 2~3배 늘어날 것으로 봅니다. 정말 보람 있는 사업입니다.

직원이 재미있고 즐겁게 일하려면 회사의 성장이 전제되어야 한다고 생각합니다. 성장하지 못하면 직원에게 기회를 줄 수 없으니까요. 그렇기 때문에

저 자신부터 사업을 즐기면서 회사를 키워나가고 싶습니다. '이 정도 규모의 회사면 됐다'고 일부러 제한할 생각은 전혀 없습니다.

호 리 바 기업이 활력이 있을수록 직원 한 사람 한 사람의 일은 재미있어집니다. 거꾸로 활력을 잃으면 모든 기능이 정지되지요. 경영자가 지속적으로 강한 사업 의욕을 갖고 회사를 성장시키는 것이 무엇보다 중요해요.

옮긴이의 말

이제는 뵐 수 없는 저자

　번역하면서 줄곧 '기회가 되면 저자인 호리바 마사오 회장을 뵙고 싶다'고 생각했다. 그러나 번역을 끝내고 며칠 후 비보를 접했다. 고인이 되신 분을 위해 명복을 비는 것 말고는 할 수 있는 게 없었다. 내가 유작을 번역했구나. 그분이 이 세상에 남기려던 말들을 우리말로 잘 옮겼을까? 나는 번역을 체계적으로 배운 적도 없다. 그래서 더 걱정스럽다. 거칠고 다듬어지지 않은 문장을 보살피고 가꾸어 세상에 내놓을 수 있게 힘써준 한언 출판사 직원 분들에게 감사할 따름이다.

'원조 학생벤처 1호'와 '타협하지 않는 정도正道 경영'

고故 호리바 마사오 회장에게 따라다니는 대표적인 수식어들이다. 그러나 그 어떤 수식어도 '재미있고 즐겁게'를 능가하지 못한다. 그는 입버릇처럼 '재미있고 즐겁게'를 강조했다. 우리를 향해 자신의 진정한 한계에 도전해 본적이 있느냐고 꾸짖을 수 있는 그만이 할 수 있는 말이다. 극한의 상황에 이를 때까지 도전하는 일은 '재미있고 즐겁지 않으면' 할 수 없지 않는가!

이 세상에 진정으로 남기고 싶었던 말은 무엇이었을까?

사실 '재미있고 즐겁게'라는 말이 널리 알려져서 그렇지, 이 책의 원제인 '인간 본위의 경영(人間本位の經營)'이 아마도 그분이 모두에게 가장 하고 싶은 말이었는지 모른다. 아무리 회사가 정성껏 '재미있고 즐겁게 일할 수 있는 직장'을 만들어 놓아도 결국 그곳에서 일하는 직원이 그럴 생각이 없으면 헛일이 된다. 결국 재미있고 즐거운 직장은 구성원인 직원 스스로 구해야 완성된다. 그 직원을 움직이게 하는 원동력이 바로

‘인간 본위의 경영’이라는 것을 그는 너무도 잘 알았던 것 같다. ‘본위’가 무엇인가? 판단이나 행동의 기본으로 삼는 표준이다. 그가 실행했던 경영은 모두 사람에게 맞춰져 있었다. 그래서 호리바 회장은 재미있고 즐거워야 했던 것이다.

일본 잡지 《벤처통신》과의 인터뷰 말미에 남긴 호리바 회장의 발언

“벤처를 시작하는 조건은 ‘그 일이 너무 좋아서 참을 수 없어야 한다’는 것이다. 자나 깨나 이게 없으면 죽을 거라는 생각이 들 만큼 좋아하지 않으면 실패할 것이다. 돈을 버는 것은 그 다음 일이다. 삼시 세끼도 잊을 정도로 몰두할 수 있는 일을 찾으면 된다.”

창업해서 가장 좋았던 일이 무엇이냐는 질문에는 이렇게 대답했다.

“수없이 많지만 꼭 하나만 꼽으라고 한다면 내가 좋아하는 것을 평생 할 수 있었던 것이다.”

호리바 회장은 사람마다 차이가 있겠지만 자신에게는 일이 인생의 90퍼센트를 차지했다고, 그래서 그 일이 재미없다면 인생이 너무 슬프지 않냐고 했다. 그런 의미에서 호리바 회장은 정말 행복한 삶을 사신 분이다.

그의 수많은 명언 중 단 하나만 꼽으라면?

아무리 작은 전문 분야에서라도 좋으니,

그 분야에서 1등이 되는 것.

그것이 정말 중요하다고 생각한다.

기업하기 어렵다는 시대를 사는 우리들에게 그는 나아가야 할 방향까지 제시해주고 떠났다.

2015년 가을

학교 연구실에서

재미있고 엉뚱하게

펴   냄 2015년 12월 15일 1판 1쇄 박음 | 2016년 1월 1일 1판 1쇄 펴냄
지 은 이 호리바 마사오
옮 긴 이 오태헌
펴 낸 이 김철종
펴 낸 곳 (주)한언
등록번호 제1-128호 / 등록일자 1983. 9. 30
주   소 서울시 종로구 삼일대로 453(경운동) KAFFE 빌딩 2층(우 110-310)
          TEL. 02-723-3114(대) / FAX. 02-701-4449
책임편집 서은미, 장웅진
디 자 인 이찬미, 정진희, 김정호
마 케 팅 오영일
홈페이지 www.haneon.com
e-mail haneon@haneon.com

ISBN 978-89-5596-735-7 13320

이 도서의 국립중앙도서관 출판예정도서목록(CIP)은 서지정보유통지원시스템
홈페이지(http://seoji.nl.go.kr)와 국가자료공동목록시스템(http://www.nl.go.
kr/kolisnet)에서 이용하실 수 있습니다.(CIP제어번호: CIP2015033926)

한언의 사명선언문

Since 3rd day of January, 1998

Our Mission   – 우리는 새로운 지식을 창출, 전파하여 전 인류가 이를 공유케 함으로써 인류 문화의 발전과 행복에 이바지한다.

 – 우리는 끊임없이 학습하는 조직으로서 자신과 조직의 발전을 위해 쉼 없이 노력하며, 궁극적으로는 세계적 콘텐츠 그룹을 지향한다.

 – 우리는 정신적·물질적으로 최고 수준의 복지를 실현하기 위해 노력하며, 명실공히 초일류 사원들의 집합체로서 부끄럼 없이 행동한다.

Our Vision   한언은 콘텐츠 기업의 선도적 성공 모델이 된다.

저희 한언인들은 위와 같은 사명을 항상 가슴속에 간직하고
좋은 책을 만들기 위해 최선을 다하고 있습니다.
독자 여러분의 아낌없는 충고와 격려를 부탁 드립니다.

• 한언 가족 •

HanEon´s Mission statement

Our Mission   – We create and broadcast new knowledge for the advancement and happiness of the whole human race.

 – We do our best to improve ourselves and the organization, with the ultimate goal of striving to be the best content group in the world.

 – We try to realize the highest quality of welfare system in both mental and physical ways and we behave in a manner that reflects our mission as proud members of HanEon Community.

Our Vision   HanEon will be the leading Success Model of the content group.